# 杭州南高峰塔

杭州市文物考古研究所　编著

文物出版社

北京·2018

**图书在版编目（CIP）数据**

杭州南高峰塔 / 杭州市文物考古研究所编著 . —北

京：文物出版社，2018.12

ISBN 978 – 7 – 5010 – 5849 – 5

Ⅰ.①杭…　Ⅱ.①杭…　Ⅲ.①佛塔 – 古建筑遗址 – 发

掘报告 – 杭州　Ⅳ.①K878.35

中国版本图书馆 CIP 数据核字（2018）第 276008 号

# 杭州南高峰塔

编　　著：杭州市文物考古研究所

责任编辑：王　媛
封面设计：程星涛
责任印制：张道奇

出版发行：文物出版社
社　　址：北京市东直门内北小街 2 号楼
邮　　编：100007
网　　址：http：//www.wenwu.com
邮　　箱：web@ wenwu.com
经　　销：新华书店
印　　刷：北京京都六环印刷厂
开　　本：889mm×1194mm　1/16
印　　张：10.25
版　　次：2018 年 12 月第 1 版
印　　次：2018 年 12 月第 1 次印刷
书　　号：ISBN 978 – 7 – 5010 – 5849 – 5
定　　价：180.00 元

# The Site of Nangaofeng Pagoda in Hangzhou

*(with an English abstract)*

Hangzhou Municipal Institute of Cultural Relics and Archaeology

Cultural Relics Press

Beijing · 2018

# 目　录

# 插图目录

# 彩版目录

# 第一章 概述

## 第一节 地理位置与环境

杭州，位于浙江省中北部，地处东南沿海，东临杭州湾，与绍兴市相接，西南与金华、衢州市相接，北与湖州市、嘉兴市毗邻，西南与安徽省黄山市交界，西北与安徽省宣城市接壤，共辖 10 个区、2 个县，代管 1 个县级市，地理坐标为北纬 29°11′~30°33′、东经 118°21′~120°37′。杭州作为中国七大古都之一，既承载着厚重深沉的历史沧桑感，又述说着睿思激情的文化发展史，同时有着江、河、湖、山交融的自然环境，1982 年被国务院首批公布为历史文化名城、国家重点风景旅游城市。2011 年 6 月 24 日，"杭州西湖文化景观"被联合国教科文组织正式列入《世界遗产名录》。

杭州市地处亚热带季风区，冬夏季风交替明显，四季分明，雨量充沛。年平均气温 15~17℃，无霜期 230~260 天，年平均降水量 1100~1600 毫米。杭州市区处在浙西中山丘陵向杭嘉湖平原的过渡地带，西部、中部和南部属浙西中低山丘陵，西湖周边群山属浙西中山丘陵，北部和东部为杭嘉湖平原和萧绍平原。钱塘江迂回曲折流经城之东、南，形如反写的"之"字，由杭州湾注入东海。

西湖在杭州城区的西部，水面 6.5 平方千米，北、西、南三面呈马蹄形分布的群山将湖环围。西湖群山为浙西天目山山脉向东延伸的余脉，由东向西逶迤蜿蜒，海拔高度从 400 米渐次降低至 35 米，构成山外有山的地貌特点，可依其山势由高及低分为三圈。外圈群山为将军山、北高峰、美人峰、天马山、天竺山、琅珰岭、五云山等，多由志留纪、泥盆纪的砂岩、石英砂岩构成，山势陡峭，峰峦挺秀，属高丘陵山地。其中天竺山海拔 412 米，为环湖群山的最高峰。中圈群山则沿飞来峰、月桂峰、棋盘山、南高峰、青龙山、玉皇山、南屏山、凤凰山、紫阳山一线，山势相对较低，山体主要由石炭纪、二叠纪的石灰岩构成，山石嶙峋，洞穴横生，属低丘陵地形。西湖沿岸的诸山峰相对矮小，由宝石山、葛岭、丁家山、夕照山、吴山等组成，海拔百米左右，由石灰岩、火山岩、凝灰岩构成，奇峰怪石，峭壁峻险，属低丘陵地形。（彩版一：1）

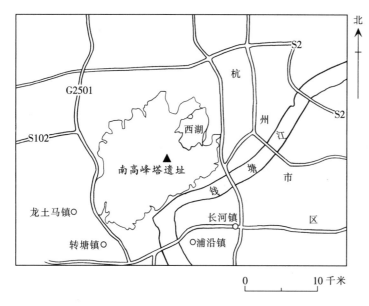

图 1 - 1　南高峰塔遗址位置示意图

宋代及之后的史籍中常将西湖群山以天竺山和风篁岭为界，将西湖北面海拔相对较高的连绵山峦统称为北山，而南面海拔较低的绵延小山合称为南山。南高峰即属于南山中的一座，位于"钱塘县西十二里，东抱西湖，南俯浙江"[1]，海拔 257 米，夹于今虎跑路与九溪十八涧之间，东与苏堤相距 2.5 千米，南距虎跑路 1.5 千米，地理坐标为北纬 30°13′26.73″、东经 120°07′04.00″（彩版一：2）。山体主要由石灰岩构成，岩溶地貌突出，南麓有烟霞洞、水乐洞、石屋洞等五代、宋元时期的摩崖造像。

南高峰在古人眼中已是杭州西湖之南山最胜处，"其阳则崖峦洞壑，奇绝诡丽。其阴则群山迂廻，壁石险俏"[2]。现今登临南高峰，视觉美感并不逊于古时。登至峰巅，东瞰西湖曼妙烟波，南俯钱江澎湃涌潮，西连龙井青葱茶园，与北高峰遥相对峙（彩版二）。南北高峰独秀群山，两峰直线距离约 2.8 千米，形成"两峰相对不相连""一片痴云锁二尖"[3] 的景致。隋代开始，杭州逐渐繁荣发展。唐宋时期，李泌、白居易、苏轼等人疏浚治理西湖，沿湖一带的自然风景逐渐融入人文情怀，成为人文景观最佳之依托，灵动的西湖文化景观初露端倪。在这个"自然的人化"[4] 过程中，自然物态随着时间推移逐步融进人文内容，以自然与人文融为一体的具象存在于世。"两峰插云"景观就是这样一个自然人文化的实例。南宋时期，南北两峰对峙，峰巅分别耸立着南高峰塔和北高峰塔，双塔塔尖高耸入云，形成西湖十景之一的"两峰插云"景观，其呈现出的云山杳霭、塔尖插云天之景，时常跃然于南宋画家"西湖十景"之画卷上。

南高峰塔遗址位于杭州市西湖景区南高峰峰顶平台上（图 1-1）。峰顶平台大致呈靴形，

[1]　《嘉庆重修一统志》，卷二百十六《杭州府一》，中华书局，1986 年，第一七册，第 13806 页。

[2]　（明）吴之鲸：《武林梵志》，卷三《城外南山分脉》，王国平主编：《西湖文献集成》，杭州出版社，2004 年，第 60 页。

[3]　（清）陈璨：《双峰插云》："南北高峰高插天，两峰相对不相连。晚来新雨湖中过，一片痴云锁二尖。"见罗荣本、罗季：《西湖景观诗选》，浙江工商大学出版社，2013 年，第 89 页。

[4]　陈文锦：《发现西湖——论西湖的世界遗产价值》，浙江古籍出版社，2007 年，第 24 页。

东西长，南北窄，其东部折向东北，整体地势西高东低，东西通长约 90 米，宽 15 ~ 30 米（彩版三）。平台的中西部南侧高于北侧，顺应地形由高低两级台地构成，南侧的第二级台地偏东部略宽，两级台地相对高差为 0.5 ~ 2 米。

# 第二节 历史沿革

杭州在周朝之前属"扬州之域"[1]，春秋时成为吴越两国相争之地，最后并入越。战国时，楚灭越，杭州归楚。自秦代于杭州设立钱唐县，属会稽郡，建城已有 2200 多年历史。汉承秦制，至南朝时，升钱唐县为钱唐郡。

隋朝建立后，隋文帝于开皇九年（589 年）罢郡置州，"杭州"之名始现。州治初设余杭，十年（590 年）移治钱唐，十一年（591 年）复移治于柳浦西，并依山筑城，州城"周回三十六里九十步"[2]，这是杭州建城所见最早文字。唐代，在"杭州"与"余杭郡"两名之间反复易改，治所钱唐，因避国号讳，于武德四年（621 年）改"钱唐"为"钱塘"。

唐末社会动荡，藩镇割据，钱镠借势崛起，唐昭宗天复二年（902 年），封钱镠为越王。五代后梁开平元年（907 年），封钱镠为吴越王兼淮南节度使，次年升杭州为大都督府。后梁龙德三年（923 年），晋封钱镠为吴越国王，一切礼制皆按皇帝规格。吴越国定都杭州，称西府或西都，国境范围为现今的浙江全境、江苏东南部、上海市和福建省东北部，历三代五王，至宋太平兴国三年（978 年）五月，钱弘俶纳土归宋，立国 72 年。

北宋，杭州虽从小国都城退居为路、州的治所，却享有"东南第一州"[3] 的美誉。南宋建炎三年（1129 年），高宗驻跸杭州，诏以州治为行宫，升杭州为临安府，称"行在所"。绍兴八年（1138 年），由高宗正式定为行都，从此杭州成为一朝国都，历时 138 年。元代，在杭州设两浙都督府，后改为杭州路总管府，为江浙行省治所。明代，改杭州路为杭州府，为浙江行省省会。清承明制，杭州府为浙江行省省会及杭嘉湖道治所。1912 年，废杭州府，并钱塘、仁和为杭县，杭州为浙江省省会。1927 年，于杭县城区置杭州省辖市。1949 年至今，杭州仍为浙江省省会，且升格为浙江省副省级市。

---

〔1〕（清）嵇曾筠、李卫等修，（清）沈翼机、傅王露等纂：《浙江通志》，卷四《建置一》，商务印书馆，1934 年，第 277 页。

〔2〕（宋）周淙：《乾道临安志》，卷二《城社》引《九域志》，《南宋临安两志》，浙江人民出版社，1983 年，第 23 页。

〔3〕（宋）施谔：《淳祐临安志》，卷五《旧治古迹·有美堂》，《南宋临安两志》，浙江人民出版社，1983 年，第 87 页。

# 第二章　历史概述

## 第一节　南高峰塔历史述要

南高峰塔始建于五代吴越国时期，南宋时期作为西湖十景之"两峰插云"景观不可或缺的部分，一直高耸于西湖群山的南高峰峰巅，历经千年岁月，至民国时期，塔尚存一级，高二丈。其始建、修葺、毁圮等相关的史料记载并不多，记述内容亦十分简略，现就有限的历史文献中梳理出的南高峰塔历史分而述之。

### 一　塔之始建

目前南高峰塔最早见诸文献者，是施谔撰于南宋理宗淳祐十二年（1252年）的《淳祐临安志》，在该书卷八《山川·城西诸山》"南高峰"条目中将峰与塔一并著录[1]：

> 南高峰，在南山石坞烟霞山后。高崖峭壁，怪石尤多。北望晴烟，江湖接目。峰下出寒水石，山中人竞采之，捣为齿药。上有砖塔，高可十丈。相传云：天福中建。崇宁二年，仁王寺僧修懿重修。

南宋潜说友以《乾道临安志》《淳祐临安志》为基础，纂修于南宋度宗咸淳年间（1265～1274年）的《咸淳临安志》卷八十二《寺观八·佛塔》首次将"南高峰塔"单列条目记载[2]：

> 南高峰塔，天福中建，高可十丈。崇宁二年，僧修懿重修。乾道五年，僧义圆重建。

根据这两则史料可知，南高峰塔始建于后晋天福年间（936～944年），这一时期历

---

〔1〕　（宋）施谔：《淳祐临安志》，《南宋临安两志》，浙江人民出版社，1983年，第149页。
〔2〕　（宋）潜说友：《咸淳临安志》，浙江古籍出版社，2012年，第3002页。

经吴越国文穆王钱元瓘、忠献王钱弘佐两代吴越王。砖塔建于南高峰上，在《咸淳临安志》中正式出现"南高峰塔"之称谓，可见塔以峰名名之，早年可能并未为其特别命名。

《咸淳临安志》中所录南宋孝宗乾道五年（1169 年）杭州城东僧人了心[1]之《重建塔记》[2]，是关于南高峰塔最早且最详尽的一则史料记载，为我们认知南宋时期塔之风貌提供了较多信息。记文中明确书写南高峰塔始建于"晋天福中"，并记述了建塔缘由："有梵僧飞锡至虎林，因睥睨南峰最高顶，曰：'于斯可以立大觉真人之表相些。'"其随后从皮囊中拿出一颗舍利，凭借比丘尼道圆师太的襄助敬造宝塔，奉安舍利，此地遂成为信众礼佛祈福的一处佛教场所。

《淳祐临安志》《咸淳临安志》在记述"南高峰塔"之后一并附录有杨蟠（约 1017～1106 年）、郭祥正（1035～1113 年）、曹棐（生卒年不明）三人描写南高峰及南高峰塔的诗作[3]，亦为我们探讨塔的始建年代提供了参考。三人中曹棐的生卒年不明，但他明确为宋仁宗嘉祐年间（1056～1063 年）进士，而杨蟠是宋仁宗庆历六年（1046 年）进士，郭祥正为宋仁宗皇祐五年（1053 年）进士，三人基本生活在同一时代，即北宋中晚期。杨蟠与郭祥正的诗名皆为《南高峰》，曹棐诗名则为《登南山塔》，然而西湖群山中并无"南山"山名，此"南山塔"即为"南高峰塔"吗？在第一章已经提到，西湖群山在宋代常以天竺山和风篁岭为界，其北面海拔较高的连绵山峦统称为北山，南面环湖一带绵延的小山合称为南山，就地理位置而言，南高峰是"南山"中的一座。因而，曹棐极有可能是套用了"南山"这一大的地理称谓，将南高峰塔讹称为南山塔。三人的诗作中都有对南高峰塔的描述，应为游历南高峰时亲眼所见，才会写下如此情景相融的诗句，可见南高峰塔的建筑年代早于北宋中期，这一时期距后晋天福年间不过百余年。同时南宋修志距吴越纳土不过两百余年，其所载资料的真实性应是相对可靠的。综合以上因素，志书中所载南高峰塔始建于后晋天福年间的说法可信度极高。

成书年代晚于上述两部志书的后世文献，如宋董嗣杲《西湖百咏》、明田汝成《西湖游览志》、明吴之鲸《武林梵志》、明张岱《西湖梦寻》、清李卫《西湖志》等记录南高峰塔的始建年代时均采用"晋天福"这一说法，并无疑义。

---

[1] "了心，宋临安东城僧也。乾道五年，撰《重建南高峰塔记》。"见（清）厉鹗撰、徐吉军标点：《东城杂记》，王国平主编：《杭州文献集成》，杭州出版社，2014 年，第 3 册，第 742 页。

[2] （宋）潜说友：《咸淳临安志》，卷八十二《寺观八·佛塔》，浙江古籍出版社，2012 年，第 3002～3004 页。

[3] 杨蟠诗云："日气层层秀，连山万丈孤。崔嵬天上影，一半入江湖。"郭祥正诗云："岌岌穿南斗，层层瞰下方。揭名湖海顶，半夜挂朝阳。"曹棐诗云："平生登塔与登楼，乱尽乡心送尽愁。试上南山山下塔，依前怀古与悲秋。"见（宋）施谔：《淳祐临安志》，《南宋临安两志》，浙江人民出版社，1983 年，第 149 页。

## 二　塔之维修

南高峰塔的维修记录主要见于《淳祐临安志》《咸淳临安志》。经梳理，该塔在宋乾道五年（1169 年）之前主要有三次维修，宋之后的史籍中未见再对南高峰塔进行修缮的记载。

南高峰塔的首次维修发生在"我圣世至道二年，邦人朱氏泉……葺补尔"[1]。北宋太宗至道二年（996 年）距南高峰塔建成仅 50 余年，此时塔建成不久，损坏程度应不大，故乡人朱泉对其进行修补活动应是体量很小的。因此，这次小规模修葺之举在两部志书条目中皆未记载，仅见于《咸淳临安志》所录僧了心《重建塔记》中。

南高峰塔第二次维修于北宋徽宗崇宁二年（1103 年），由"仁王寺僧修懿重修"。此次维修距南高峰塔建成 160 余年，与至道二年的第一次修补活动也相隔了 107 年。承载了百年风雨的南高峰塔此时应出现了不同程度的损坏，故而推断这次维修相较于第一次规模更大，影响力更广。因此，《淳祐临安志》《咸淳临安志》及了心《重建塔记》中都有对此次维修的记载。

南高峰塔第三次维修于南宋孝宗乾道五年（1169 年），由"僧义圆重建"，这应是规模最大也是最重要的一次维修工程，但《淳祐临安志》并未记载本次维修，而录入稍后成书的《咸淳临安志》，该书附录的僧了心《重建塔记》亦主要记述了此次维修的详细情况。本次维修距南高峰塔建成约 230 年，距第二次修缮业已 66 年，塔身历经风雨侵蚀，"日就朽故"，南高峰塔主事僧义圆"志在再新棵栱，壮观两山"，并得到大居士刘伉的捐赏，"以青铜钱五百万"使日渐衰损的南高峰塔焕然一新。重建后的南高峰塔高可十丈，四面塔龛内绘有 24 尊佛与菩萨像，以及天龙八部的 16 尊护法神，充分满足了信众绕塔礼拜的礼佛需求。同时佛塔每层辟轩窗，登临时可凭窗四望、观景抒怀，亦成为登高览胜、赏景游玩的绝佳去处。此外塔在夜幕降临后"巡檐张灯……海商山客以此为司南者也"，又兼具了指南仪的功用，帮助夜行者辨别方向。

## 三　塔之毁圮

南宋之后史籍记载南高峰塔多摘录《淳祐临安志》《咸淳临安志》的内容，偶见新资料，皆为不同时段对塔损毁状况的描述。

自乾道五年重建工程结束后，南高峰塔历经近两百年的风雨洗礼，在元代末年遭受了一次较大的破坏。成书于明嘉靖二十六年（1547 年）的田汝成《西湖游览志》记有此事："元

---

[1]　（宋）潜说友：《咸淳临安志》，卷八十二《寺观八·佛塔》，浙江古籍出版社，2012 年，第 3003 页。

季毁。旧七级，今存五级。"[1] 明吴之鲸《武林梵志》也有约略相同的记载："元季，毁七级为五级。"[2] 文献中均未提及元末南高峰塔被毁原因，仅描述损毁状况，即塔刹及塔身上部两级已坍塌不存。至此，南高峰塔衰颓之态势再无根本性转变。

有明一代，南高峰塔以五级塔身之残貌耸立于南高峰峰巅。据《武林梵志》载，明中期还发生了一件轶事："嘉、隆间，有戎帅某惑青乌家言，贿僧移塔于前，塔顶不及上而罢。"[3] 可见在嘉靖（1521～1566 年）末年至隆庆（1567～1572 年）初年之间，南高峰塔因早年顶部的坍塌，由塔内登顶已不可能，故而移塔之举只好作罢。虽说南高峰塔避免了被整体挪移的命运，但却无法逃脱日渐颓圮的宿命。明万历三十七年（1609 年）纂修的《钱塘县志·纪胜·山水一》中尚见"南高峰……有浮屠五级"[4]，至万历四十年（1612 年）"六月二十四日申刻，震雷绕击，砖石俱碎"[5]。历经岁月沧桑的南高峰塔又遭受了一次严重的雷击破坏，但彼时塔身坍塌程度可能不大，因而《武林梵志》中未见记录雷击破坏后塔身圮毁状况的文字，仅书有塔原址及铁质塔刹留存，以冀时机得以恢复昔日风貌之意旨。随后成书于明崇祯九年（1636 年）的季婴《西湖手镜》中还见有南高峰塔"今存五级"[6] 的记载。但南高峰塔于元末被破坏后就一直遗留有诸多建筑险情，此次雷击犹如雪上加霜，对塔身稳固性的破坏力度极大，必然会加快其倾圮速度。在康熙十年（1671 年）张岱的《西湖梦寻》中已见南高峰塔"旧七级，今存三级"[7] 的记载。张岱（1597～1679 年）生活于明末清初，在阔别西湖二十八年期间，西湖无日不入其梦，遂于追忆旧恋的情愫下作《西湖梦寻》。因此，文中描述仅存三级的南高峰塔，可推定至迟在明代末期已呈现出此面貌。在这一甲子不到的岁月里，南高峰塔塔身在原五级的基础上快速圮毁了两级，只存三级，可以想见万历年间南高峰塔所遭雷击破坏力度之大，损毁程度之重，以致塔身颓圮之势直到清朝初期存一级之后才趋于稳定。

清雍正九年（1731 年）浙江总督李卫主持修纂的《西湖志》卷五《山水·南高峰》载："上有塔，晋天福中建，今下级尚存。"[8] 可见雍正朝时南高峰塔已由三级倾圮为一级。乾隆十七年（1752 年）梁诗正、沈德潜同修的《西湖志纂》卷四《南山胜迹·南高峰》记载与

〔1〕（明）田汝成：《西湖游览志》，浙江人民出版社，1980 年，第 38 页。

〔2〕（明）吴之鲸：《武林梵志》，赵一新主编：《杭州佛教文献丛刊》，杭州出版社，2006 年，第 58 页。

〔3〕（明）吴之鲸：《武林梵志》，赵一新主编：《杭州佛教文献丛刊》，杭州出版社，2006 年，第 58 页。

〔4〕《钱塘县志》，台湾成文出版社，1975 年，第 117 页。

〔5〕（明）吴之鲸：《武林梵志》，赵一新主编：《杭州佛教文献丛刊》，杭州出版社，2006 年，第 58 页。

〔6〕（明）季婴辑补，王维宁参订，徐晓标点：《西湖手镜》，王国平主编：《西湖文献集成》，杭州出版社，2004 年，第 3 册，第 1020 页。

〔7〕（明）张岱著，卫绍生注：《西湖梦寻》，《陶庵梦忆·西湖梦寻》，中华工商联合出版社，2016 年，第 316 页。

〔8〕（清）李卫等修，傅王露等纂：《西湖志》，台湾成文出版社，1970 年，第 437 页。

《西湖志》一致。自此南高峰塔以残存一级塔身，历清及民国时期，顽强屹立于南高峰峰巅两百余年。从20世纪二三十年代拍摄的老照片上可见当时的南高峰塔摧残荒废，芜漫萧索，但"基址犹高二丈许"[1]。1926年藏书家刘之泗（1900～1937年）曾因寺僧永莲相嘱作《西湖南高峰重建宝塔疏》[2]，此外高僧印光大师（1861～1940年）亦曾代当时的住持振机撰《杭州南高峰荣国禅寺重修宝塔疏》[3]，可惜此希冀募缘集资重建宝塔之举因时局动荡而未能实现。20世纪50年代，南高峰毗邻的翁家山村民常挑塔砖回村建房，致使南高峰塔倾圮殆尽，荡为寒烟，建筑基址亦全部湮没于地下。

# 第二节　塔院（荣国寺）历史述要

《咸淳临安志》是最早记载南高峰塔塔院基本情况的志书，其后的史籍述及塔院概貌多据此为蓝本，除偶有增补塔院建筑颓废情况外，并无新内容。该志书共有两处与塔院相关的条目，兹录如下[4]：

> 灵顺庙　即婺源五显神祠，于近郊者凡七。一在南高峰顶荣国寺。岁久颓弊。景定间，太傅平章贾魏公捐赀葺而新之。咸淳六年，安抚潜说友即庙后拓地创华光楼。旁为射亭，为角觝台。又辟山径而夷之，以便登陟。是岁，都人瓣香致敬者咸趋焉。

> 南高峰荣国寺　天福间建，元系塔院，奉白龙王祠。宝祐五年，福王捐施重修，请富阳废寺额。咸淳六年，安抚潜说友创造华光宝阁。门庑斋堂亭台等屋一切整备，且拓径以便登陟。又买官田二百亩为僧供。有五显祠。

这段材料为探讨塔院建筑年代、布局配置等提供了难得的信息。

第一，塔院应是与南高峰塔同一时期建成，亦为后晋天福年间（936～944年），当年塔院内只有一座奉祀白龙王的祠庙。在白龙王祠之后，院内又建了一座现已"岁久颓弊"的建筑，即灵顺庙，亦称五显神祠。文中虽未言明它的始建年代，但可以根据五显神信仰流传情况作一大致推断。五显神信仰的最早雏形产生于唐朝徽州婺源，北宋徽宗大观三年（1109年）才赐婺源的五显庙额为"灵顺"。南宋年间五显神信仰得到皇权的认可，并以婺源为中心向外传播，迅速遍及我国南方地区以及东南亚地区，在浙江主要集中于杭州、海

---

〔1〕　钟毓龙：《说杭州》，浙江人民出版社，1985年，第63页。

〔2〕　《申报》，1926年7月27日。

〔3〕　印光大师：《印光大师文汇》，华夏出版社，2012年，第51页、52页。

〔4〕　（宋）潜说友：《咸淳临安志》，卷七十三《祠祀三·外郡行祠》，浙江古籍出版社，第2602～2603页，第2797页。

宁、会稽等地。因而从五显神信仰的传播情况判断，五显神祠最早要到南宋初期才会兴建于塔院内。

第二，塔院的两座早年建筑因日久渐显衰败之象，南宋末年分别得以维修一新。最先在南宋理宗宝祐五年（1257 年），由福王赵与芮捐资重修了白龙王祠，并请富阳县废寺额，至此南高峰塔塔院正式冠名为"荣国寺"。随后在南宋理宗景定年间（1260～1264 年），由太傅平章贾似道捐赀重修了塔院内破败的五显神祠。

第三，南宋度宗咸淳六年（1270 年）由临安知府（安抚使）潜说友规划兴建了几座新建筑，受山巅地势所限，新建筑的体量不大。这批建筑位于五显神祠后，主体为华光楼，亦称华光阁，紧邻该楼还增建一座射亭及角觝台，再由华光楼向西开辟一条山径，以登临峰顶西侧最高处。南宋末年添建的这批小型附属建筑丰富了塔院的建筑风貌，有机组成塔院迄今为止最大的建筑规模。

宋代以降，随着南高峰塔的日渐颓圮，塔院亦快速颓败。明嘉靖二十六年（1547 年）田汝成《西湖游览志》载："荣国禅寺，即塔院也……今寺废，而五显祠尚存。"[1] 可见明代中期的塔院建筑仅存五显祠。清代志书关于塔院的记述皆为援引前人著作，虽具体状况不知，但不难想象此时呈现出的一派败落之景。民国初年，南高峰"寺院倾颓殆尽，破屋数间，不蔽风雨"[2]。从 20 世纪二三十年代拍摄的老照片上可看到塔前方有瓦屋数间，不过这些建筑并非五代至宋时所建的塔院建筑，且已偏离塔院初建时的位置，乃是清末或民国初年择新址建成，此时佛塔的位置已悄然退居于新建建筑之后。

此外还有一个现象值得我们关注，那就是宝祐五年（1257 年）福王赵与芮以废弃的富阳县"荣国寺"寺额为其命名后，塔院就一直沿用"荣国寺"之名，然实则其并不具备真正意义上佛寺的功能，或者说是徒有"寺院"之虚名。佛寺作为佛教信徒进行修行、礼拜等宗教活动的场所，必然是以佛、菩萨作为主要供奉对象，而南高峰塔塔院的供奉对象却是龙王、五显神等在民间广泛崇奉的地方神灵。因此，塔院没有出现以佛像、菩萨供奉为主的殿堂，神祠的影响力远远不及佛塔，故而其一直以南高峰塔附属建筑的形式存在，无法逐步形成以塔、佛殿、经堂等构成的佛寺基本功能空间。由于龙王、五显等神祠的影响力极其有限，这也许成为处于主导地位的南高峰塔呈现衰颓之态势时，塔院亦无力挽回颓势，终究更趋衰败的原因之一。据此分析，以"南高峰塔塔院"对其命名较之俗称"荣国寺"似乎更为贴切。

---

〔1〕 （明）田汝成：《西湖游览志》，浙江人民出版社，1980 年，第 39 页。
〔2〕 印光大师：《杭州南高峰荣国禅寺重修宝塔疏》，《印光大师文汇》，华夏出版社，2012 年，第 51 页、52 页。

## 第三节　诗词画中的南高峰塔

### 一　诗词中的南高峰塔

历代诗词歌咏西湖者甚众，南高峰及"双峰插云"景观亦常驻历代文人骚客心怀，或为主题或为背景，或实或幻，歌之咏之。这些诗词从文学艺术角度为我们提供了文人骚客们眼中的南高峰塔实时景况。

郭祥正（1035~1113年），宋仁宗皇祐五年（1053年）进士，曾作《西湖百咏》，《南高峰》[1] 即为其一：

> 岌岌穿南斗，层层瞰下方。揭名湖海顶，半夜挂朝阳。

曹粢（生卒年不详），宋仁宗嘉祐年间（1056~1063年）进士，其《登南山塔诗》[2]：

> 平生登塔与登楼，乱尽乡心送尽愁。试上南山山下塔，依前怀古与悲秋。

这两首诗皆创作于北宋中晚期，约为南高峰塔第二次修缮（1103年）前后，郭祥正"层层瞰下方"与曹粢"平生登塔与登楼"诗句，说明南高峰塔既可登临，亦可在每层俯瞰远眺塔外景致。

南宋中期，南北高峰及宝塔已同时出现于诗词中，成为诗中风景。杨万里（1127~1206年）的诗作《庚戌正月三日约同舍游西湖》[3]，描绘了南、北高峰上双塔耸立入云端的景致：

> 南北高峰巧避人，旋生云雾半腰横。纵然遮得青苍面，玉塔双尖分外明。

宋末元初，不仅以南高峰及南高峰塔入诗词者渐多，而且将之与北高峰、北高峰塔合为"两峰插云"为题者同样增多。具有代表性的有方回、周密等人的作品。比如方回（1227~1305年）《南高峰至其下不高》[4]：

> 远望生愁陟降劳，峥嵘窣堵据金鳌。今朝身到南山下，渐近元来总不高。

---

〔1〕（宋）施谔：《淳祐临安志》，《南宋临安两志》，浙江人民出版社，1983年，第149页。

〔2〕（宋）施谔：《淳祐临安志》，《南宋临安两志》，浙江人民出版社，1983年，第149页。

〔3〕罗荣本、罗季：《西湖景观诗选》，浙江工商大学出版社，2013年，第87页。

〔4〕杨镰：《全元诗》，中华书局，2013年，第六册，第428页。

董嗣杲，南宋咸淳（1265～1274年）末年武康知县，著《西湖百咏》，其中《南高峰塔》[1]：

> 谁舍尘身石漫巅，浮屠突兀拂霄躔。方隅端拱明离位，梯级高营石晋年。
> 土穴有龙嘘重雾，草庵无衲坐空禅。虚危直视烟霞路，镗鞳风铃到处传。
> 碧嶂高侵碧汉巅，岂巍疑逼斗牛躔。山中衲子宁愁老，峰顶浮屠不记年。
> 危磴雨晴难著屐，深岩月照称栖禅。游人初到西湖者，欲倩丹青作画传。

尹廷高（约1290年前后在世）《两峰插云诗》[2]：

> 嶙峋对峙势争雄，古塔疏林杳霭中。写尽西湖烟雨障，双尖如笔摘晴空。

周密（1232～1298年），《两峰插云·木兰花慢词》[3]：

> 碧尖相对处，向烟外，挹遥岑。记舞鹫啼猿，天香桂子，曾去幽寻。轻露，易晴易雨，看南峰，淡日北峰云。双塔秋擎露冷，乱钟晓送霜清。
> 登临，望眼增明。沙路白，海门青。正地幽天迥，水鸣山籁，风奏松琴。虚楹。半空聚远，倚阑干，暮色与云平。明月千岩夜午，溯风跨鹤吹笙。

贾策（元代，生卒年不详）的《西湖竹枝词》[4]：

> 郎身轻似江上篷，昨日南风今北风。妾身重似七宝塔，南高峰对北高峰。

综合上述诗词，南高峰塔概貌浮现眼前。南高峰塔"高营"于"石晋年"，历经峥嵘岁月，"七宝塔"仍雄踞南高峰上，塔檐悬铃，风铎"镗鞳"声随风远扬。登塔"倚阑干"极目远眺，"半空聚远"，"暮色与云平"之美景尽收眼底。乘船游湖时远望南、北双峰"对峙势争雄"，两宝塔"双尖如笔"在"疏林杳霭中""摘晴空"。

瞿佑（1341～1426年），生活于元末明初，其《两峰插云·买陂塘词》[5]：

> 望西湖，两峰齐耸，亭亭南北相对。玉山高并三千丈，俯视渺茫尘界。云暧叇，遮不尽、七层窗户双飞盖。经时历代，向僧定人归，铃音自语，也似说成败。

---

〔1〕（宋）董嗣杲：《西湖百咏》，张智主编：《西湖百咏·西湖竹枝集·武林新年杂咏·西溪百咏》，扬州广陵书社，2003年，第97页、98页。

〔2〕杨镰：《全元诗》，中华书局，2013年，第十四册，第8页。

〔3〕（清）李卫等修，傅王露等纂：《西湖志》，台湾成文出版社，1970年，第224页。

〔4〕杨镰：《全元诗》，中华书局，2013年，第三十一册，第220页。

〔5〕（清）李卫等修，傅王露等纂：《西湖志》，台湾成文出版社，1970年，第224页。

凭栏处，几度晴明阴晦，山光依旧如黛。白衣苍狗多更变，识破世间情态。君莫怪，君不见，英雄往日今何在？群仙久待，便乘此清风，问之明月，稳跨大鹏背。

根据这首词描述的内容，我们推测瞿佑应亲眼见过七级宝塔的全貌，才会写下"七层窗户双飞盖"之句。结合明代文献中皆有南高峰塔"元季，毁七级为五级"的记载，南高峰塔极有可能是在元朝灭亡尾声时遭到毁坏，毁塔原因或许为兵燹。

明清时期，有关"双峰插云"的诗词为数不少，但明代以南高峰塔实景遣词造句者寥寥无几，清代诗词中则全无南高峰塔的实景描写。清康熙十年（1671 年）刊行的《西湖梦寻》卷四《西湖南路》"南高峰"条录有道隐的诗[1]：

> 南北高峰两郁葱，朝朝溽溽海烟封。极颠螺髻飞云栈，半岭峨冠怪石供。
> 三级浮屠巢老鹘，一泓清水豢痴龙。倘思济胜烦携具，布袜芒鞋策短筇。

明代末期，南高峰塔因毁圮只存三级。道隐诗中的南高峰塔即为"三级浮屠"，且变成老鹘争相筑巢栖息的场所，生动地展现了这一时期宝塔残损的真实情景。

## 二　画中的南高峰塔

题名景观"西湖十景"成型于南宋，而以"西湖十景"为题材的绘画创作高峰也在南宋。据不完全统计，历代以南高峰塔或"双峰插云"为题材的画作现存二十余幅（表 2-1）。一般而言，画卷中描绘的应为南高峰塔的实景写照。从中，我们可以了解南高峰塔的状况。

两宋时期，有"南宋四大家"之称的李唐、刘松年、马远、夏圭四人均为南宋宫廷画院画家。据记载，李唐（1066～1150 年），徽宗时补入画院，建炎间（1127～1130 年）为画院待诏；刘松年（约 1155～1218 年），南宋孝宗、光宗、宁宗三朝的宫廷画家；马远（约 1140～约 1225 年后），光宗、宁宗两朝的画院待诏；夏圭，生卒年不详，宁宗时任画院待诏。他们都曾以西湖景观入画，其中马远的西湖景观画有《柳浪闻莺》《两峰插云》《平湖秋月》等。从四人入画院的时间分析，李唐画中之宝塔应是第二次维修（1103 年）前后的南高峰塔，而其余三位画家所绘的则是第三次维修（1169 年）前后的南高峰塔。

光宗、宁宗、理宗三朝画院待诏李嵩（1166～1243 年）的《西湖图》[2]，是描绘南宋西湖全景的写实作品。画面左上方的南高峰塔塔身塔刹完整无缺，高插云天，雄伟挺拔。从画家的生卒年分析，《西湖图》中所绘乃第三次维修后的南高峰塔实景。

---

〔1〕　（明）张岱著，卫绍生注：《西湖梦寻》，《陶庵梦忆·西湖梦寻》，中华工商联合出版社，2016 年，第 316 页。
〔2〕　杭州西湖博物馆：《历代西湖书画集（一）》，杭州出版社，2010 年，第 30 页、31 页。

表 2 - 1　历代南高峰绘画一览表

| 序号 | 名称 | 装裱形式 | 作者 | 年代 | 收藏单位 |
|---|---|---|---|---|---|
| 1 | 西湖图 | 卷 | 李嵩（1166～1243 年） | 南宋 | 上海博物馆 |
| 2 | 西湖十景图·两峰插云 | 册 | 叶肖岩（活动于南宋宝祐年间） | 南宋 | 台北故宫博物院 |
| 3 | 西湖胜迹图·两峰 | 册 | 宋懋晋（？～1620 年后） | 明代 | 天津博物馆 |
| 4 | 西湖十景图·两峰插云 | 册 | 齐民（生卒年不详） | 明代 | 天津文物公司 |
| 5 | 西湖图 | 卷 | 周龙（生卒年不详） | 明代 | 浙江省博物馆 |
| 6 | 两峰插云图 | 轴 | 蓝瑛（1586～1664 年） | 明代 | 广西壮族自治区博物馆 |
| 7 | 西湖十景图 | 册 | 刘度（受学蓝瑛） | 清代 | 北京故宫博物院 |
| 8 | 西湖十景图 | 卷 | 王原祁（1642～1715 年） | 清代 | 辽宁省博物馆 |
| 9 | 西湖图 | 轴 | 张宗苍（1686～1756 年） | 清代 | 台北故宫博物院 |
| 10 | 双峰插云乾隆御题 | 轴 | 董邦达（1696～1769 年） | 清代 | 台北故宫博物院 |
| 11 | 双峰插云 | 轴 | 董邦达（1696～1769 年） | 清代 | 台北故宫博物院 |
| 12 | 西湖十景图 | 卷 | 董邦达（1696～1769 年） | 清代 | 北京故宫博物院 |
| 13 | 西湖晴泛诗意图 | 卷 | 钱维城（1720～1772 年） | 清代 | 北京故宫博物院 |
| 14 | 西湖雨泛诗意图 | 卷 | 钱维城（1720～1772 年） | 清代 | 北京故宫博物院 |
| 15 | 御制西湖十景诗意图·双峰插云 | 册 | 钱维城（1720～1772 年）嵇璜（1711～1794 年） | 清代 | 北京故宫博物院 |
| 16 | 西湖胜景图·双峰插云 | 册 | 郁希范（乾隆年间） | 清代 | 四川博物院 |
| 17 | 西湖全览图 | 屏 | 周尚文（乾隆年间） | 清代 | 天津博物馆 |
| 18 | 大清乾隆朝西湖行宫图 | 卷 | 佚名（乾隆年间） | 清代 | 杭州西湖博物馆 |
| 19 | 西湖十景图 | 册 | 永瑢（1743～1790 年） | 清代 | 杭州西湖博物馆 |
| 20 | 西湖十景图·双峰插云 | 册 | 董诰（1740～1818 年） | 清代 | 浙江省博物馆 |
| 21 | 西湖图 | 轴 | 关槐（1749～1806 年） | 清代 | 台北故宫博物院 |
| 22 | 西湖图 | 轴 | 孙桐（咸丰年间成名） | 清代 | 杭州西湖博物馆 |
| 23 | 西湖十二景图·双峰插云 | 册 | 张照兰（生卒年不详） | 清代 | 杭州西湖博物馆 |
| 24 | 西湖周围图 | 卷 | 莫尔森（生卒年不详） | 清代 | 上海博物馆 |
| 25 | 武林十二景·南北高峰 | 册 | 汪启渭（生卒年不详） | 清代 | 北京故宫博物院 |
| 26 | 西湖风景图说·双峰插云 | 册 | 佚名（生卒年不详） | 清代 | 北京故宫博物院 |
| 27 | 禹航胜迹图·双峰插云 | 册 | 佚名（生卒年不详） | 清代 | 杭州西湖博物馆 |
| 28 | 西湖十景图 | 卷 | 佚名（生卒年不详） | 清代 | 宁波博物馆 |

叶肖岩（生卒年不详），活跃于南宋宝祐年间（1253～1258 年），《两峰插云》[1] 是其《西湖十景图》中的一幅，画中南、北高峰遥相对峙，山峰上各有一座宝塔，如擎天之柱直插云霄。绿树掩映中的南高峰塔只显出六层塔身，飞甍重檐，隐约可辨。画中宝塔只有六层，极可能是峰顶浓密树荫遮挡了塔的底层，画家尊重眼见之实才以此入画。虽然此时距南高峰塔第三次维修已近百年，但我们仍可在欣赏画作时领略到宝塔高耸入云的雄姿。

齐民（明代，生卒年不详）《西湖十景图》之《两峰插云》[2] 画面中，两座塔在峰顶绿树簇拥中探出残塔身影。周龙（生卒年不详）于万历三十六年（1608 年）创作的《西湖图》[3] 中，可隐约从峰顶树枝中观察到南高峰塔残存三层。这与万历三十七年（1609 年）纂修的《钱塘县志》"南高峰……有浮屠五级"略有差异，大概因画家笔下的宝塔并未严格遵循残存级数入画，而仅以残塔形貌写意。

宋懋晋（？～1620 年后）《西湖胜迹图》之《两峰》[4] 中，南北高峰上以残塔对峙，南高峰塔不见外檐，表现了明代晚期南高峰塔塔檐损毁后的残貌。

清代以"双峰插云"为题材的画作留存较多，细辨这些作品，南高峰的景观已不如前朝。清代早中期，南高峰塔多以二、三或四级残貌现于画作，个别画中南高峰上无塔。王原祁（1642～1715 年）《西湖十景图》[5] 中南高峰塔有四层。据考证，该图卷是王原祁七十岁左右所作，即在 1712 年前后。佚名《西湖风景图》之《双峰插云》[6] 画中，南高峰塔也有四级塔身，无外檐，底层半掩于山岩之后。其"双峰插云图说"云："南北两峰相去十余里，其峰独高上多奇云，望之如插，康熙三十八年，圣祖仁皇帝临幸，御书'双峰插云'。"图说记录了康熙三十八年（1699 年）御笔改"两峰"为"双峰"之事，那么此画应是创作于康熙三十八年之后。董邦达（1696～1769 年）创作于乾隆十五年（1750 年）的《西湖十景图》[7] 和乾隆十六年（1751 年）乾隆帝第一次南巡时的御题画《双峰插云乾隆御题轴》[8] 以及《双峰插云》[9] 等三幅画中，南高峰塔均残存三级，且无外檐。乾隆第六子永瑢（1743～1790 年）所作《西湖十景图册》[10]，其中有 7 幅均绘有南高峰塔残影。乾隆四十五年（1780

〔1〕 杭州西湖博物馆：《历代西湖书画集（二）》，杭州出版社，2013 年，第 38 页、39 页。
〔2〕 杭州西湖博物馆：《历代西湖书画集（一）》，杭州出版社，2010 年，第 128 页。
〔3〕 杭州西湖博物馆：《历代西湖书画集（一）》，杭州出版社，2010 年，第 130 页、131 页。
〔4〕 杭州西湖博物馆：《历代西湖书画集（一）》，杭州出版社，2010 年，第 105 页。
〔5〕 杭州西湖博物馆：《历代西湖书画集（一）》，杭州出版社，2010 年，第 172 页、173 页。
〔6〕 杭州西湖博物馆：《历代西湖书画集（二）》，杭州出版社，2013 年，第 198 页、199 页。
〔7〕 杭州西湖博物馆：《历代西湖书画集（二）》，杭州出版社，2013 年，第 106 页、107 页。
〔8〕 杭州西湖博物馆：《历代西湖书画集（二）》，杭州出版社，2013 年，第 94 页。
〔9〕 杭州西湖博物馆：《历代西湖书画集（二）》，杭州出版社，2013 年，第 99 页。
〔10〕 杭州西湖博物馆：《历代西湖书画集（一）》，杭州出版社，2010 年，第 254 页、255 页、257 页、260 页、261 页、263 页。

年）《大清乾隆朝西湖行宫图卷》[1] 中南高峰上也分别绘有二或三级残塔。参照雍正九年
（1731 年）《西湖志》"上有塔，晋天福建，今下级尚存"的记述，可见这一时期的画作着重
描绘南北高峰的秀丽风光，而南高峰塔实景并非画家刻意表现的对象，故而画中的南高峰塔
残貌与文献记载并不吻合。至于蓝瑛（1585～1664 年）的《两峰插云》[2] 立轴创作于辛卯
年（1651 年），即清顺治八年，画中的南北高峰上不见双塔踪影，或许是蓝瑛特意未将宝塔
残影入画，表现了"无塔胜有塔"的艺术境界。

　　清代中晚期，题名"双峰插云"画中的南高峰上大多无塔。如董邦达之子董诰（1740～
1818 年）《西湖十景图》之《双峰插云》[3]，南北高峰上仅见怪石嶙峋，而塔之踪影全无。
成名于咸丰年间（1850～1861 年）的孙桐所绘《西湖图》，南高峰峰顶亦无塔。清后期佚名
《禹航胜迹图》之《双峰插云》[4]，峰顶同样不见双塔。由此可见，因南高峰塔残损严重，清
代中晚期以"双峰插云"为题材的画作中，峰顶之塔不再是主要表现对象，而崚嶒峭壁的山
峰成为画之主体。《禹航胜迹图》之《双峰插云》题字："南北两峰相去十余里，层峦列崿于
湖西，独两峰高出众山，为会城巨镇。奇云出岫，时露双尖，望之如插。宋时称为两峰插云。
康熙三十八年，圣祖仁皇帝巡幸，改两峰为双峰，构亭于行春桥侧，适当两峰正中。崇奉。"
综观清代中晚期的史料，基本认为南北高峰"望之如插"，盖因"独两峰高出众山"，"奇云
出岫，时露双尖"，而非南、北高峰塔直插云霄。在北高峰塔已毁，南高峰塔残损严重的情况
下，"双峰插云"景观中原本融入的人文内容逐渐消失，以致"双塔"逐步被"双峰"替代，
景观原初寓意发生了衍变，此乃清代中晚期画作《双峰插云》与宋时《两峰插云》出现差异
的根源所在。

〔1〕　杭州西湖博物馆：《历代西湖书画集（一）》，杭州出版社，2010 年，第 212～214 页。
〔2〕　杭州西湖博物馆：《历代西湖书画集（一）》，杭州出版社，2010 年，第 133 页。
〔3〕　杭州西湖博物馆：《历代西湖书画集（一）》，杭州出版社，2010 年，第 267 页。
〔4〕　杭州西湖博物馆：《历代西湖书画集（一）》，杭州出版社，2010 年，第 228 页、229 页。

# 第三章　考古工作概况

## 一　工作缘起

2016 年，杭州市园林文物局在继续推进西湖风景区景观提升工作的前提下，将南高峰景观改造工程列为重点项目之一，着重全面提升南高峰一线景致的人文魅力，计划对西湖十景"双峰插云"之南高峰塔遗址进行考古发掘，冀望为南高峰景观改造工程提供科学全面的考古学依据，实现历史人文与自然景观和谐生辉，相得益彰。为配合南高峰景观提升改造工程，经国家文物局批准，杭州市文物考古研究所于 2017 年 1 月 1 日~9 月 15 日对南高峰塔遗址进行了考古发掘、清理保护等工作。

## 二　工作经过

### 1. 制定南高峰塔遗址发掘预案

南高峰峰顶平台的中西部南侧高于北侧，由两级台地构成，且第二级台地偏东部略宽（彩版四）。基于地形特点，发掘区以两级台地接合处为界分为北、南两部分，北区位于地势略低的第一级台地上，南区地处较高的第二级台地，两区相对高差为 0.5~2 米。依据《田野考古工作操作规程》，发掘前制定了南高峰塔遗址考古工作预案：

第一，在发掘区东南处设定基点，对遗址进行统一布方。布置探方时兼顾对高大乔木的保护，无特殊情况尽量不砍伐，以便今后各项发掘工作及景观提升工程的开展。

第二，考虑到发掘南区所处的第二级台地地势最高，且其东部较宽，有足够的空间置放大体量的建筑等，决定在南区先布设一条东西向试掘探沟，以初步了解遗址的地层堆积，同时期望能确定南高峰塔的具体位置。

第三，分区域对遗址实施考古发掘，全面揭露南高峰塔遗址，以明确南高峰塔及塔院的平面布局、形制结构。在发掘过程中介入相关科技方法，对南高峰塔遗址的考古信息进行全方位采集。

第四，考古发掘工作结束后对揭露的遗迹进行回填保护，以便于下一步景观提升工程的开展。

田野考古发掘工作应遵照上述步骤有条不紊地进行，如有特殊情况则作相应调整。

**2. 全面布方、探沟法确定南高峰塔的位置**

2017年1月1日，考古队正式进场，砍伐清理了遗址地表生长的灌木、杂草等植被，随后以发掘区东南为基点，采用象限法对南高峰塔遗址进行统一布方，探方全部落在第四象限，编号为TN××W××，探方规格5米×5米，共计105个。实际发掘56个探方以及5条探沟，发掘面积1425平方米。（图3-1）

1月2~20日，对遗址进行探沟试掘，在统一布方的框架内，沿TN3W4、TN3W5、TN3W6、TN3W7、TN3W8、TN3W9、TN3W10的北隔梁布设一条宽1米、长35米的东西向探沟，基本确定了南高峰塔的具体位置、保存状况以及遗址的地层堆积。（彩版五：1）

**3. 分区域实施考古发掘、相关学科及时跟进**

（1）2月12日~5月6日，在确定南高峰塔位置的基础上，对遗址南区进行全面发掘，共发掘TN2W4~TN2W13、TN3W4~TN3W13、TN4W4~TN4W11、TN5W4~TN5W6等探方31个，发掘面积775平方米（彩版五：2）。发掘期间，为了不影响游客登高观览南高峰景区，纵贯遗址南区北侧的一条东西向游步道一直通行，故而游步道叠压的遗址部分无法发掘清理。通过南区的发掘，清理塔基1座、道路遗迹1处、建筑基址1座，掌握了南高峰塔及塔院建筑基址的平面布局、建筑结构和保存状况。

（2）5月7日~7月13日，对遗址北区进行全面发掘，共发掘TN5W7~TN5W11、TN6W6~TN6W14、TN7W6~TN7W14等探方23个，发掘面积575平方米（彩版五：3）。通过发掘廓清了此区域内建筑遗迹的布局形制，明晰了南北两大发掘区的关系。

（3）7月14日~9月3日，对遗址南区东端、南端近断崖处进行发掘，发掘TN2W3、TN3W3探方2个，并在TN1W4、TN1W5、TN1W6、TN1W9、TN1W10等5个探方内各布设一条宽1米的南北向探沟，合计发掘面积75平方米，基本掌握了遗址东缘、南缘石砌护坎的情况。对塔基的土石填筑区域进行发掘，并结合考古物探技术勘探，以确定塔基下是否设有地宫（彩版六）。最后运用电子全站仪采集遗迹数据并绘制出遗迹总平面图，利用航空摄影制作遗址区域的正射影像图（彩版七）。

（4）9月4日~9月15日，对南高峰塔遗址进行覆土回填保护。

南高峰塔遗址的考古发掘自始至终得到浙江省文物局、杭州市园林文物局的高度重视和大力支持。发掘期间，杭州市园林文物局领导、市考古所领导多次亲临发掘现场检查、指导工作（彩版八）。杭州西湖风景名胜区钱江管理处给予了极大的配合和支持，为遗址发掘的顺利进行提供了保障。项目领队杨曦实际主持1~5月的发掘工作，6~9月的发掘工作由王征宇与李坤负责，李英位全程参与。

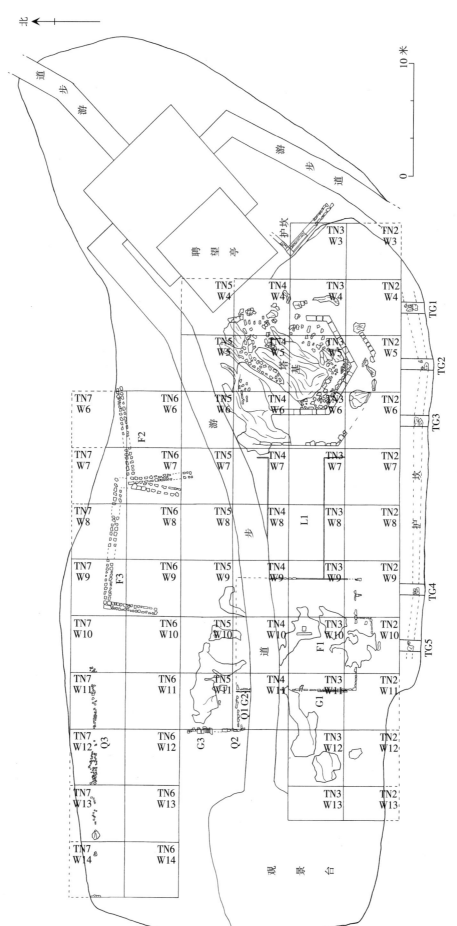

图 3-1 探方及遗迹分布图

### 三　资料整理与报告编写

南高峰塔遗址的资料整理工作从 2017 年 11 月开始，至 2018 年 4 月结束，工作内容包括文字记录，查阅辑录文献，遗迹、遗物等各种资料的拓片、绘图、摄影等。在资料整理期间浙江省博物馆历史文物部主任黎毓馨先生、浙江省古建筑设计研究院院长黄滋先生分别就吴越国时期佛塔、宋元时期建筑等相关问题提供了宝贵的意见，在此谨致谢意！历史文献辑录与拓片工作由孙媛承担，野外遗迹图、地层图由李英位、高付杰绘制，器物绘图、描图与遗迹图描图由高付杰完成，瓷器修复由柴蓓、谭娇完成，器物摄影由何国伟完成，报告编写由杨曦承担。

# 第四章　地层堆积

南高峰塔遗址的地层堆积较为简单，发掘北区仅有表土层，该区域内的 F2、F3、Q3 等遗迹均开口于表土层下，打破生土。

发掘南区地层分为两层，南高峰塔塔基、L1、F1 等遗迹均开口于第 2 层下，打破生土。现以 TN3W10、TN3W9、TN3W8 北壁为例自上而下加以介绍（图 4 - 1）：

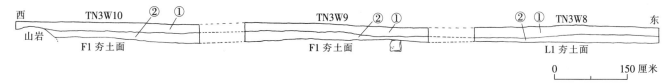

图 4 - 1　TN3W10—TN3W9—TN3W8 北壁剖面图

第 1 层，黑褐色土，土质较软，结构疏松。包含少量现代瓦片、瓷片以及大量的植物根系。为近现代土层。厚 10 ~ 24 厘米。

第 2 层，灰褐色土，土质较硬，结构较致密。出土少量瓷片、建筑构件等。为明清时期堆积。厚 7 ~ 22 厘米。L1、F1 均开口于该层下。

第 2 层以下为红褐色生土。

# 第五章　建筑遗迹

南高峰峰顶平台的中西部由两级台地构成，据此地形特点将遗址发掘区分为南、北两部分，发掘南区地处较高的第二级台地，发掘北区位于地势略低的第一级台地。（彩版九）

## 第一节　发掘南区

南区发现的遗迹现象丰富，自东向西包括南高峰塔基址、道路、房屋基址以及其他遗迹等。（图5－1；彩版一〇）

### 一　南高峰塔基址

南高峰塔位于发掘南区东部，目前只有塔基保存较好，其余部位皆倾圮殆尽。

（一）塔基

南高峰塔的塔基由底层较高大的台基构成，系利用山峰顶部一块高凸的山体岩石经平整、填筑而成。平面原应为六边形，晚期遭严重破坏，一些边线已分辨不出，现平面形状为不规则六边形，高出地表0.65～1.14米（图5－2；彩版一一）。台基北部是将山岩凿平后直接利用，手法粗犷，局部岩体凹陷处以不规则石块及红褐色黏土填筑找平（彩版一二：1）。因塔基北面破坏严重，故东、东北、西北三面台基外缘边线不明确，边线之间的交界处亦不明显。台基南部局部利用原生山岩，其余区域则先堆筑不规则石块，再以红褐色黏土夹杂较多小石块、砖块夯筑而成，夯土厚25～40厘米（彩版一二：2）。该区域保存状况较北部好，故而西、西南、东南三面台基外缘边线较清楚，其中西面台基外缘边砌石保存甚好。边砌石外壁加工规整，边线较直；内壁多据石形略加修整，边线不规则。

根据南高峰塔塔身与塔基外缘的距离判断，塔身四周应设有一匝副阶，可供绕塔礼拜之用。副阶进深2.5～2.8米，局部利用凿平的山岩，大部分用红褐色黏土夹杂碎石夯筑而成。副阶铺地遭受严重破坏，柱础皆无存，故而原地坪铺设情况、开间形式不明。

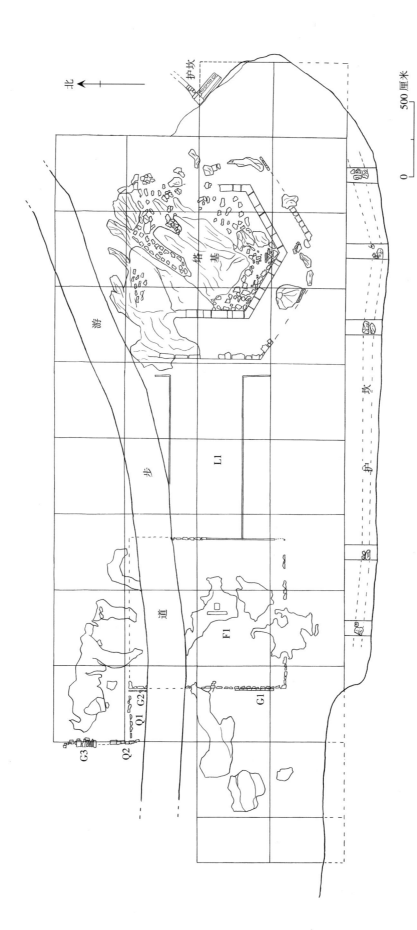

图 5-1　发掘南区建筑遗迹平面分布图

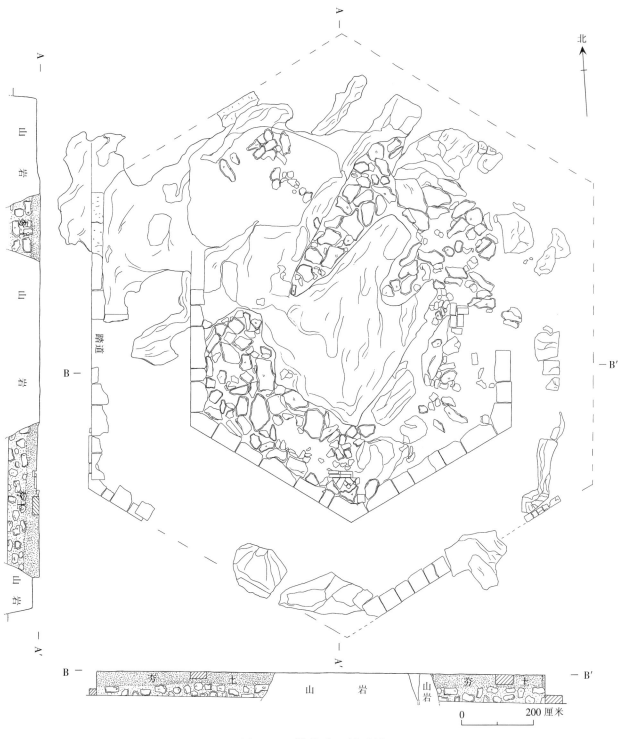

北

A — A

A' — A'

B — B

— B'

山岩

山岩

山岩

踏道

B — 夯 土 山 岩 山岩 夯 土 — B'

0          200厘米

图 5 - 2　塔基平、剖面图

现按塔基六边朝向分述如下。

**西边塔基**

外边长7.94、高0.65米。北段为自然山岩，南段为土石夯筑。台基底边砌石保存较好，由长方形条石拼接而成，条石长宽不等，长42~95、宽20~48、厚12~18厘米。因塔基区域的地形北高南低，故其北端未用边砌石，而直接于山岩底面上凿出两块条石形状；南端于边砌石之下加垫一层石板，石板四边切割较规则，高约15厘米。北部岩体台基的底面、顶面、西侧立面上清晰可见人工凿痕（彩版一三：1）

西边塔基的正中位置原设有踏道，后遭严重破坏，台阶亦不存。根据中部有一处未铺设边砌石的位置判断，第一阶长0.64、高0.15米，宽未知。在其后山岩上残存一段开凿面，可能为第二阶的北端，长0.40、宽0.65、高0.15米。

**西南边塔基**

外边残长5.54、高0.87米。基体多为土石夯筑而成，局部利用原生山岩。台基外边保存有西端底部加垫的四块石板，最大者长26~62、宽26~52、厚18~20厘米。其中塔基的西边与西南边转角底部加垫一整块石板，外侧夹角为120°。第四块石板上残存一块边砌石，此外利用中部一块原生自然大石，将其外壁凿平作为边线的一段，其余位置的边砌石皆无存。

**东南边塔基**

外边长6.90、高1.14米。基体绝大部分为土石夯筑而成。台基外边西段保存底部加垫的四块近方形石板与一块长方形石板。近方形石板大小不一，最大长52、宽50厘米，最小长44、宽42厘米。长方形石板长67、宽45厘米。外边东段原应以砖包砌，现残存底层砖5块，其中完整的一块长37、宽17、厚6厘米，余为残砖铺设。

**东边塔基**

边长未知，高0.75米。基体南段以土石夯筑为主，北段利用原生山岩。台基外缘边被毁无存，与塔基东北边的夹角亦不明显。（彩版一三：2）

**东北边塔基**

边长未知，高0.76米。基体以山岩为主，局部岩体凹陷处以不规则石块及红褐色黏土填筑找平。台基外缘边被毁无存，与相邻两边的夹角已不清楚。岩体顶面上遗有人工凿痕。（彩版一四：1）

**西北边塔基**

边长未知，高0.75米。基体以山岩为主，局部岩体凹陷处以不规则石块及红褐色黏土填筑找平。台基外缘边破坏严重，因中间位置是将一块原生自然大石外壁凿平，故得以保存这一段边线。岩体顶面上遗有较多的人工凿痕。（彩版一四：2）

（二）塔身

塔身平面呈正六边形，现残存底层之东边南段及东南、西南、西边的边砌石，其余部位均无存（彩版一五）。底边每边长 5.07 米，对径 10.14 米。底边砌石为长条形，大小不一，长 28～102、宽 36～48、高 18～27 厘米（彩版一六：1）。外壁加工规整，边线较直；内壁多据石形略加修整，边线不规则。底边转角以整块砌石砍磨而成，其外边夹角修凿成 120°。塔身地坪破坏严重，仅在西南边与东南边相交处残存一小块用石、砖铺砌的地坪（彩版一六：2）。地坪铺石残存 7 块，紧挨边砌石一溜分布。铺石大小不一，平面形制修整不规则，最大长 60、宽 40 厘米，最小长 31、宽 15 厘米，高 8～16 厘米。砖铺地坪紧接铺石，平砌两层。下层铺砖为长方形，长 36、宽 18、厚 6 厘米；上层铺砖为窄长条形，长 28、宽 9、厚 4.5 厘米。与地坪铺石相接位置的砖铺成三角形。

## 二 道路遗迹

编号 L1，呈东西走向，其西北部叠压于现代游步道之下没有揭露（图 5 - 3；彩版一七）。

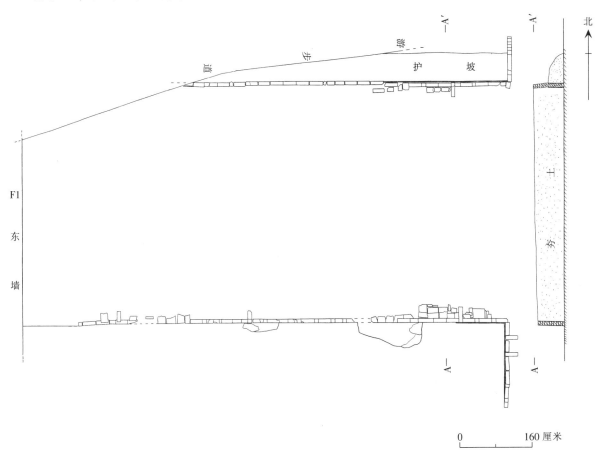

图 5 - 3　L1 平、剖面图

东西长 10.60、南北宽 5.10、残高 0.58~0.72 米。道路的东端与塔基之间设长方形平台，残长约 9、宽 1.1 米，该平台地坪与道路地面齐平。路基保存较完整，路面铺砖已无存。路基为红褐色黏土夹杂大量小石块、砖块瓦砾等夯筑而成（彩版一八：1）。道路南北两侧皆以砖包边，北侧包边均用窄长条形香糕砖顺向错缝平砌，香糕砖规格为长 28、宽 8、厚 4 厘米；南侧包边以香糕砖为主，仅西端底部两层砌砖规格不同，除一块长方形砖完整外，余皆以残砖叠砌，残砖宽 17~18、厚 5~6 厘米，长方形砖长 36、宽 17.5、厚 5 厘米。道路两侧砖砌包边于东端分别向北、向南折向平台西边外缘，残长分别为 0.76、1.80 米。（彩版一八：2）

道路北侧砖砌包边外还筑有护坡，用红褐色黏土夯筑而成，土质细腻紧致，残长 2.74、宽 0.60、高 0.30 米。（彩版一九）

## 三　房屋基址

编号 F1，位于塔基西侧约 11.80 米处，仅存夯土台基，建筑上部破坏殆尽。（图 5-4；彩版二〇）

### （一）夯土台基

台基顺应第二级台地西北高东南低的地势，下凿上垫，故而东、南部垫土较高。其平面近方形，南北长 10.70、东西宽 9.92、残高 0.08~0.52 米。台基北部被一条宽约 2.60 米的东西向现代游步道叠压，叠压部分未发掘。台基基体系红褐色黏土夹杂大量小石块、砖块瓦砾等夯筑而成，台基中部、中部偏南、北端裸露于地表的天然石灰岩均被巧用于建筑基址中。周边台壁多以长方形石块包砌，局部用窄长条形香糕砖包边。包砌石外立面修整较规则，边线较直；其内为毛面，边线参差不齐。（彩版二一：1）

西侧台壁残存底层且基本完整，以石块包砌为主，仅中部一段残长约 1.4 米处用砖包砌。包砌石大小不一，最大长 48、宽 38、高 27 厘米，最小长 18、宽 10、高 18 厘米。包边砖为单砖顺向平砌，除两块砖完整外，余皆为残砖，砖长 34、宽 15、厚 3.5 厘米。（图 5-5；彩版二一：2）

南侧台壁保存较差，残存底层用石包砌的三段，自西向东依次长 1.9、1.28、1.1 米。台壁中部为一块从台基内延伸至台基外的不规则形原生山岩。包砌石大小不一，最大长 54、宽 12~26、高 34 厘米，最小长 22、宽 6~12、高 4 厘米。

东侧台壁除北端毁损外，余皆保存较好，多以砖包砌，中部一段长 2.34 米处包砌石 5 块。包边砖为单砖顺向错缝平砌，最高处残存 9 层，砖规格基本一致，长 28、宽 8、厚 4 厘米。包砌石大小不一，最大长 50、宽约 12、高 43 厘米，最小长 37、宽约 16、高 34 厘米。（图 5-6；彩版二二：1）

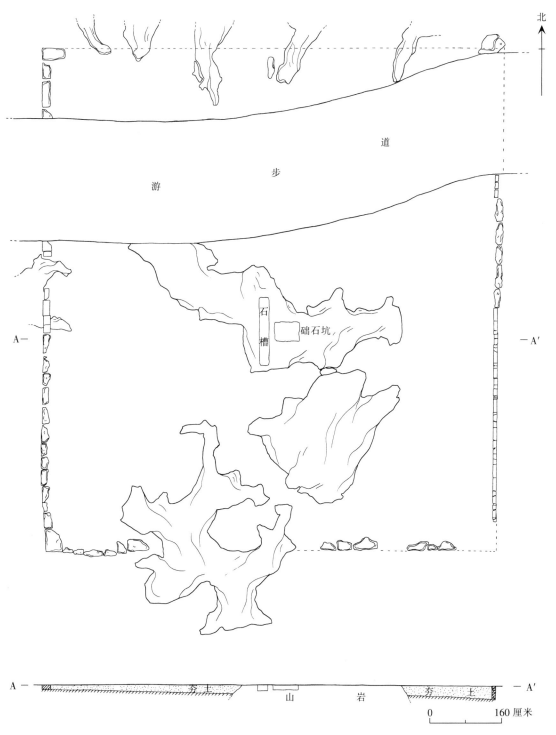

图 5 - 4  F1 平、剖面图

图 5 - 5　F1 台基西侧台壁前视图

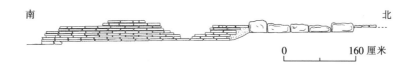

图 5 - 6　F1 台基东侧台壁前视图

北侧台壁破坏严重，仅存西端转角处的一块长方形包砌石，长 50、宽 30、高 14 厘米。

台基中部原生山岩上开凿了一个长方形础石坑，距东侧台壁 0.46 米，础石坑东西长 0.54、南北宽 0.40、深 0.10 米。在础石坑西侧 0.13 米处又凿出一条正南北向的凹槽，南北长 1.50、东西宽 0.22、深 0.12 米，性质不明。（彩版二二：2）

（二）门道

因 F1 仅存建筑基础部分，不见明显的门道遗迹现象。根据台基与南高峰塔的整体平面布局判断，东侧台壁中部偏北用五块石包砌之处可能为 F1 正门的位置，其距台基北、南两侧台壁分别为 3.18、5.18 米，门道宽 2.34 米。

四　其他遗迹

（一）夯土地面

位于 F1 西侧，清理范围东西长 7、南北宽 5.5 米。依据西高东低的地势，用夯土对地形进行整理以便利用。夯土为红褐色黏土夹杂大量小石块、瓦砾等。由于其上的建筑已毁损殆尽，夯土面上的营造情况无从得知。（彩版二三）

（二）排水沟

3 条，编号 G1 ~ G3，均为南北向，以砖砌筑而成。G1、G2 分别紧贴 F1 西侧台壁的南段与北段，即南、北两个方位可同时排水，可见营造排水设施时充分考虑到了山顶地形、建筑布局等实际情况，积水被直接排出塔院至南面山崖下，以及北面第一级台地处。

### 1. G1

位于 F1 西侧台壁南段外，紧贴台壁。沟长 2.74、宽 0.14、深 0.10 ~ 0.15 米，截面呈长方形。排水沟北高南低，底部以长方形砖竖向平铺一列。沟东壁利用台基西侧台壁包砌石，西壁为单列长方形砖侧立砌一层。底砖与壁砖均宽 13、厚 7 厘米，长度有 34 厘米和 27 厘米两种规格。（图5 - 7；彩版二四：1）

### 2. G2

位于 F1 西侧台壁北段外，紧贴台壁。沟南部为现代游步道，未作清理，残长 1.56、宽 0.14、深 0.08 ~ 0.12 米，截面呈长方形。排水沟南高北低，底部仅存一块砖，铺法与 G2 一致。沟东壁利用台基西侧台壁包砌石，西壁多以残砖砌成。底砖长 34、宽 12、厚 7 厘米。壁砖有两种，一为窄长条形香糕砖，一为长方形砖，但后一种砖不见整砖，规格不清，香糕砖长 29、宽 8、厚 5 厘米。（图 5 - 8；彩版二四：2）

### 3. G3

东南距 G2 约 3.86 米，南段叠压于 Q2 北端砌石下方，揭露部分长 2.12、宽 0.15、深 0.18 米，截面呈长方形。排水沟南高北低，底部与两侧沟壁均用残砖砌成，底部铺设一层，沟壁错缝平铺三层，顶部以长方形砖横铺封顶。封顶砖有长 30、宽 20、厚 5 厘米和长 31、宽 15、厚 4 厘米两种。（图5 - 9；彩版二五）

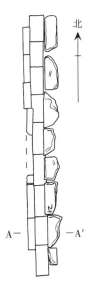
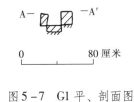

图 5 - 7　G1 平、剖面图

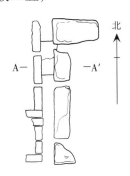

图 5 - 8　G2 平、剖面图

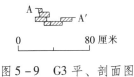

图 5 - 9　G3 平、剖面图

（三）墙

2 段，编号 Q1、Q2，均位于西北部。两段墙体相交呈 T 形，均以单列石块砌筑而成，砌墙石上端经修整多出尖，其立面凿痕清晰可见。（图 5 - 10；彩版二六：1）

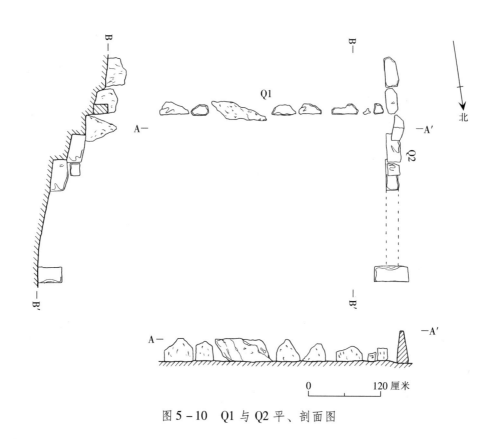

图 5 - 10　Q1 与 Q2 平、剖面图

### 1. Q1

墙体东西向，紧邻 F1，两者之间以 G2 相隔，与 F1 北侧台壁基本呈一条线分布。残存底层一列砌墙石且基本完整，东西长 3.86、残高 0.20 ~ 0.36、石宽 0.16 ~ 0.19 米。（图 5 - 11；彩版二六：2）

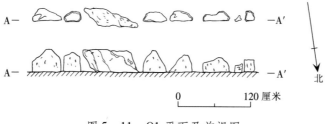

图 5 - 11　Q1 平面及前视图

## 2. Q2

墙体南北向，残存北端底层一块大石以及南段，中间部分破坏殆尽。该墙筑于第二级台地延至第一级台地的陡坡上，顺应南高北低的地势以石垒砌。据墙体残存的南段观察，陡坡地势较低处先以长条状石块砌于底部，加垫至与第二级台地地面标高大致相等时，再放置修整成上部较尖的石块。南北残长 3.60、残高 0.24～0.76、石宽 0.20～0.25 米。（图 5－12；彩版二六：3）

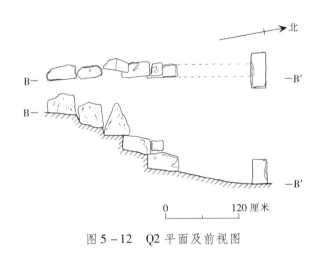

图 5－12　Q2 平面及前视图

### （四）护坎

发掘南区的东缘与南缘是高低错落的陡直断崖，为围护和加固第二级台地上的建筑基础，沿台地外缘砌筑石护坎，局部直接利用陡直崖面的山岩修整而成。（见图 5－1）

**台地东缘护坎**

位于第二级台地东端，揭露部分长 5.60、宽 0.20 米。护坎系先将底部山体外壁修凿成三层台阶状，再用修整过的块石沿台阶逐层收分砌筑，台阶宽约 0.35 米。块石大小不等，大多数较为规则。（彩版二七）

**台地南缘护坎**

位于第二级台地南缘断崖处，从第二级台地东南角向西延伸至 F1 西南角。护坎距建筑基址 3.20～5.40 米，长 35、宽 0.35～0.90 米，大致呈一条直线，以大小不等的块石垒砌而成，现存 2～3 层。块石经修整，不甚规则。

# 第二节　发掘北区

北区地处峰顶高台北侧第一级台地，主要发现有房屋基址、墙等遗迹。（图 5－13）

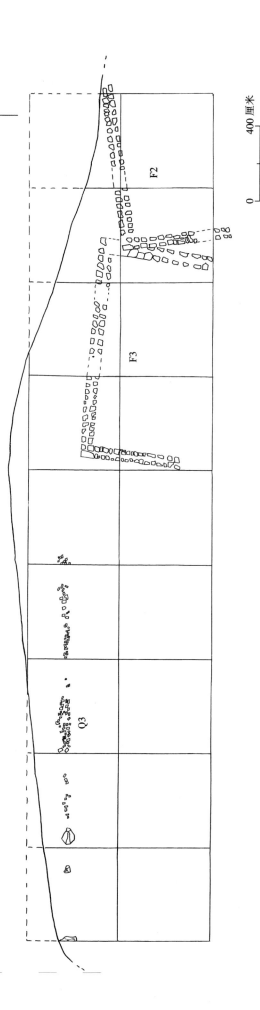

北

0 ___ 400 厘米

F2

F3

Q3

图 5-13 发掘北区建筑遗迹平面分布图

## 一 房屋基址

2 座，编号为 F2、F3，F2 西北角打破 F3 东墙基北段。（彩版二八：1）

### 1. F2

平面为长方形，东西残长 9.20、南北残宽 4.3、残高 0.10~0.19 米。只存北墙、西墙以及南墙中部，墙基皆存底部一层，均以并列的两排较规则石块砌筑而成，两排石块间以碎石夹杂黏土填实。地面为红褐色黏土夹杂大量小石块、瓦砾等夯筑而成。（图 5-14~5-16）

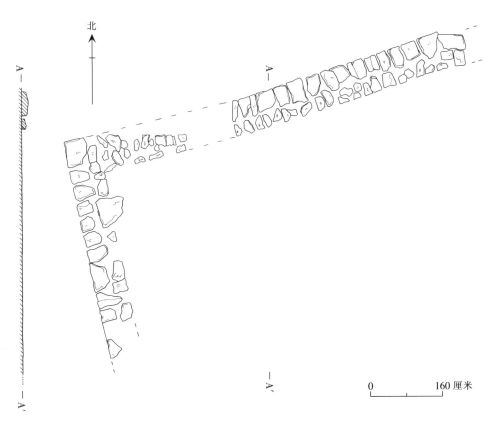

图 5-14 F2 平、剖面图

图 5-15 F2 北墙前视图

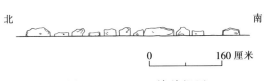

图 5-16 F2 西墙前视图

## 2．F3

平面为长方形，东西长 11.5、南北残宽 5.2、残高 0.05～0.38 米。残存三面墙体均为石墙，保存都不完整，墙基均以并列的两排石块砌筑而成，两排石块间以碎石夹杂黏土填实。墙基砌石大小不一，略显规则，除西墙北部、北墙西部的砌石保存两层外，余皆仅存底层砌石。北墙西端夹杂有早期的石质建筑构件。地面为红褐色黏土夹杂大量小石块、瓦砾等夯筑而成。（图 5 - 17；彩版二八：2）

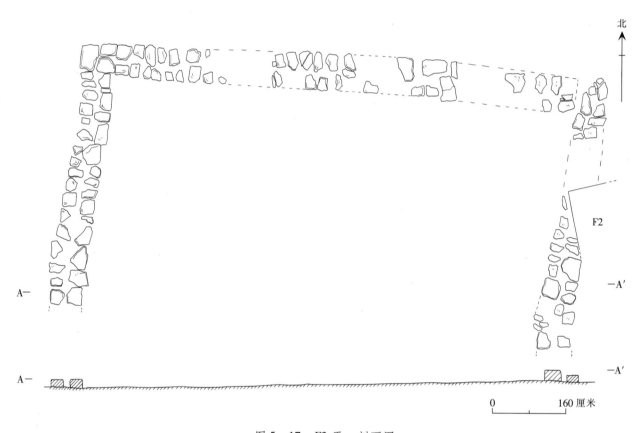

图 5 - 17　F3 平、剖面图

## 二　墙

编号 Q3，位于北部近断崖处，东距 F3 西墙 5.5 米，南距 Q1 约 14.5 米。墙体东西走向，原应以砖砌筑而成，现已完全倒塌，残长 17.5 米。（见图 5 - 13）

# 第六章 出土遗物

南高峰塔遗址出土遗物按质地与功用可分为陶质建筑构件、陶塑像、瓷器三大类，其中建筑构件居多。现以出土层位分述如下。

## 第一节 第2层出土遗物

包括陶质建筑构件、陶塑像、瓷器三类，以建筑构件为大宗。

### 一 陶质建筑构件

44件。有瓦件和装饰构件。

#### （一）瓦件

23件。有瓦当、滴水两类。

**1. 瓦当**

17件。皆为泥质灰陶，当面圆形，按纹饰可分为莲花纹瓦当与折枝花卉纹瓦当。

**莲花纹瓦当** 6件。

当面采用俯视构图表现一朵写实的盛放状莲花。当心圆形为莲蓬，用珠状乳突表示莲子，正中置1颗，其余皆环绕四周。莲瓣皆为单瓣，数量有7瓣、8瓣、16瓣之分。边轮均高凸于当面。

TN2W10②:1，残件。当面饰7瓣莲花纹。莲瓣较宽，末端较尖，瓣间饰三角形突起。当心莲蓬内有莲子7颗。莲瓣外饰凸弦纹和连珠纹各一周。当面径15、边轮宽1.5、厚2.4厘米。（图6-1:1；彩版二九:1）

TN3W7②:5，残件，后接残损筒瓦。当面饰8瓣莲花纹，现残存4瓣。莲瓣较小，两头略尖，瓣间饰T形突起。当心莲蓬内应有莲子9颗。莲瓣外饰凸弦纹一周。当面径12.2、边轮宽1.5、厚2.4厘米。（图6-1:2；彩版二九:2）

TN3W11②：1，基本完整，后接残损筒瓦。当面饰 16 瓣莲花纹，莲瓣排列较密，末端略尖，瓣间饰三角形突起。当心有莲子 9 颗，其外为两周凸弦纹与短线纹组成的纹饰带。莲瓣外亦饰两周凸弦纹与短线纹组成的纹饰带。当面径 13.6、边轮宽 1.4、厚 2 厘米。（图 6 - 1：3；彩版二九：3）。

TN3W8 ②：2，残件，形制同 TN3W11 ②：1。当面径 13、边轮宽 1.2、厚 2 厘米。（图 6 - 1：4；彩版二九：4）。

1.TN2W10②：1

2.TN3W7②：5

3.TN3W11②：1

4.TN3W8②：2

0　　　　　6 厘米

图 6 - 1　第 2 层出土莲花纹瓦当

**折枝花卉纹瓦当**　11件。

当面主体纹饰为折枝花卉，采用侧视角度来表现花朵与枝叶，可辨识品种的主要有牡丹、菊花。边轮较低平，或与当面齐平。

TN2W8②:6，残件，后接残损筒瓦。当面饰折枝牡丹纹，枝叶部分已残。边轮近主体纹饰处饰一周凹弦纹。当面径9、边轮宽1.8、厚1.3厘米。（图6-2：1；彩版三〇：1）

TN2W8②:9，完整，后接残损筒瓦。当面饰折枝牡丹纹，但磨损较甚，花瓣形态较模糊。边轮近主体纹饰处饰一周凹弦纹。当面径12.8、边轮宽1.4、厚1.4厘米。（图6-2：2；彩版三〇：2）

TN3W7②:7，残存瓦当下部。当面饰珍珠地折枝菊花纹。当面径14.2、边轮宽2.1、厚2厘米。（图6-3：1；彩版三〇：3）

TN3W11②:2，基本完整，后接残损筒瓦。当面饰珍珠地折枝菊花纹，花瓣细密，花5朵，辅以枝叶缠绕，花朵有盛放与半开两种形式。边轮近主体纹饰处饰一周凹弦纹。当面径12、边轮宽1.2、厚1.7厘米。（图6-3：2；彩版三〇：4）

TN2W9②:3，基本完整。当面饰珍珠地折枝花卉纹，花朵一侧饰一只展翅蝴蝶。边轮近主体纹饰处饰一周凹弦纹。当面径14.4、边轮宽2、厚1.7厘米。（图6-3：3；彩版三一：1）

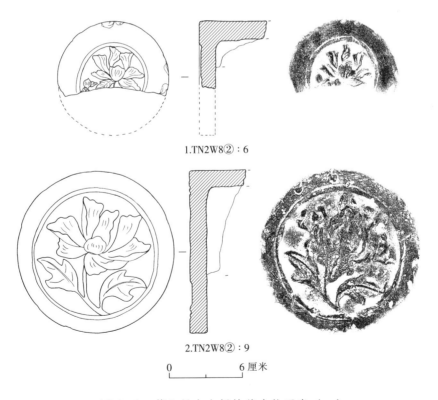

1.TN2W8②：6

2.TN2W8②：9

0      6厘米

图6-2　第2层出土折枝花卉纹瓦当（一）

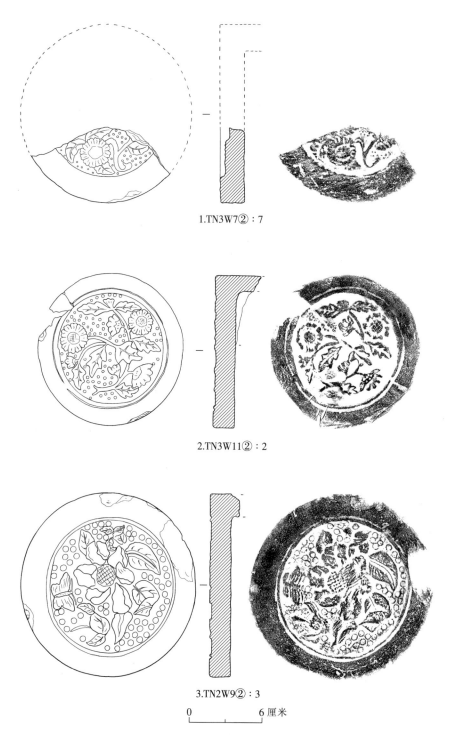

1.TN3W7②：7

2.TN3W11②：2

3.TN2W9②：3

0        6厘米

图6-3  第2层出土折枝花卉纹瓦当（二）

　　TN2W10②:7，残件。当面饰折枝花卉纹，茎叶表现较繁缛。当面径13.6、边轮宽1.6、厚1.8厘米。（图6-4：1；彩版三一：2）

　　TN3W7②:2，残件。当面饰折枝花卉纹，珍珠地纹隐约可见。当面径14.2、边轮宽1.9、厚1.6厘米。（图6-4：2；彩版三一：3）

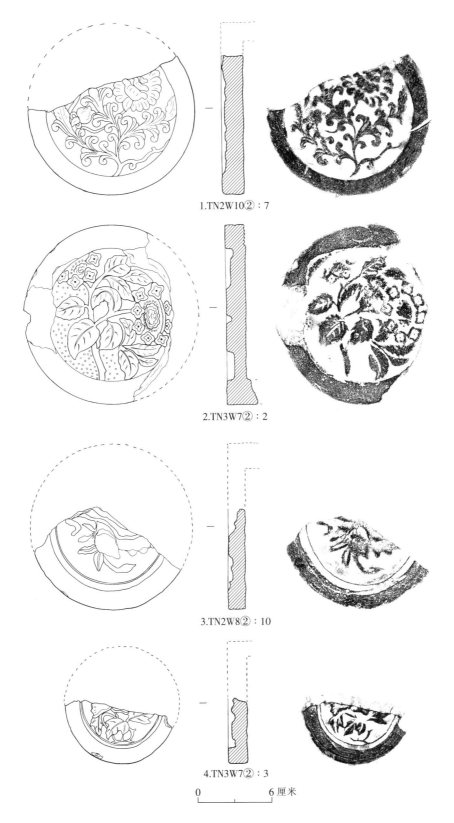

1.TN2W10②：7

2.TN3W7②：2

3.TN2W8②：10

4.TN3W7②：3

0      6厘米

图 6 - 4　第 2 层出土折枝花卉纹瓦当（三）

TN2W8②：10，残存瓦当下部。当面纹饰仅见茎叶部位，主体纹饰外饰一周凸弦纹。当面径13.2、边轮宽1.6、厚1.4厘米。（图6－4：3；彩版三一：4）

TN3W7②：3，残存瓦当下部。当面纹饰仅见牡丹的茎叶，主体纹饰外饰一周凸弦纹。当面径9.4、边轮宽1.3、厚1.6厘米。（图6－4：4；彩版三一：5）

**2. 滴水**

6件。皆为泥质灰陶，根据形制可分为长条状弧形滴水与三角形垂尖滴水两类。

**长条状弧形滴水** 5件。

即宋《营造法式》所记"重唇板瓦"，后接残损曲凹形板瓦，瓦唇部纹饰为模印而成。

TN2W11②：1，基本完整。瓦唇中部饰一道凸棱，凸棱上下分饰二方连续叶脉纹，下缘饰波浪纹，凹面有布纹。残长16、残宽12、厚1.6、唇高4厘米。（图6－5：1；彩版三二：1）

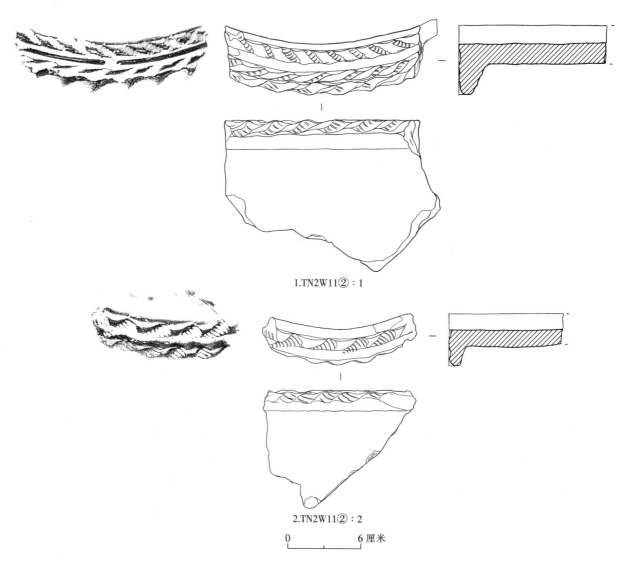

1.TN2W11②：1

2.TN2W11②：2

0　　　　　　6厘米

图6－5　第2层出土长条状弧形滴水（一）

TN2W11②：2，残件。瓦唇与下缘皆饰二方连续叶脉纹，整体呈波浪形，凹面布纹隐约可见。残长 12.6、残宽 9.3、厚 1.3、唇高 2.8 厘米。（图 6-5：2；彩版三二：2）

TN3W7②：8，残件。瓦唇中部凸棱上饰戳印纹，下缘为锯齿状并饰戳印纹，凹面有布纹。残长 10.2、残宽 4.2、厚 0.6、唇高 2.2 厘米。（图 6-6：1；彩版三二：3）

TN3W7②：9，残件。瓦唇上、下部皆有一道凸棱，中部凹面饰二方连续短线纹，下缘为波浪形。残长 7.9、残宽 3.9、厚 1.1、唇高 3.5 厘米。（图 6-6：2；彩版三二：4）

TN3W11②：5，残件。瓦唇中部凸棱上间饰斜向戳印纹，下缘为波浪形。残长 10、残宽 5.5、厚 1.7、唇高 3 厘米。（图 6-6：3；彩版三二：5）

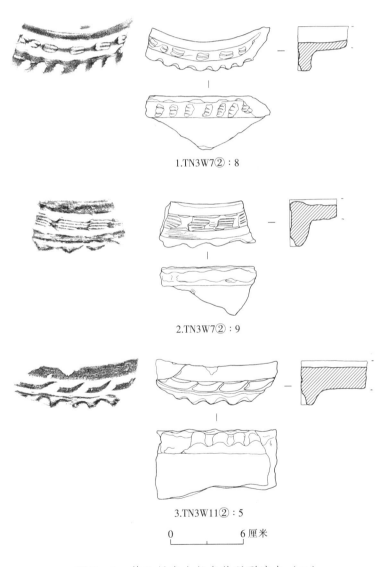

1.TN3W7②：8

2.TN3W7②：9

3.TN3W11②：5

0　　　　　　6 厘米

图 6-6　第 2 层出土长条状弧形滴水（二）

**三角形垂尖滴水**  1件。

TN2W8②:5,残件,后接残损曲凹形板瓦。中部饰一朵莲花,两侧分饰一枝向上飘扬的草叶纹。残长21.6、残高8.1、厚1.5厘米。(图6-7;彩版三二:6)

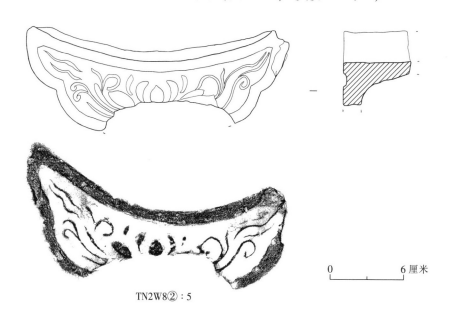

TN2W8②:5

图6-7  第2层出土三角形垂尖滴水

(二)装饰构件

21件。包括屋顶脊饰、火焰宝珠、砖雕饰件三类。

**1. 屋顶脊饰**

8件。皆为泥质灰陶,主要是装饰于屋脊上的各种兽形瓦件。

TN2W7②:1,蹲兽残件。仅存左前肢。残高7、残宽6、厚11.5厘米。(图6-8:1)

TN2W8②:11,蹲兽残件。呈蹲踞状。一道鬃毛饰于左前肢外侧。底部有一椭圆形孔。残高10.5、最宽9.6、厚9厘米。(图6-8:2;彩版三三:1)

TN2W9②:2,狮形蹲兽,基本完整。狮为蹲踞状,昂首侧视,直鬃发密饰于脑后。狮耳直竖,椭圆眼大睁,短鼻高厚,嘴长至颚部并微启,上齿外露,下颌处直鬃须飘垂。残高13.2、最宽7.5、厚8厘米。(图6-8:3;彩版三三:2)

TN2W11②:3,蹲兽残件。呈蹲踞状。残高10.2、残宽5、厚8.6厘米。(图6-8:4;彩版三三:3)

TN5W10②:6,套兽残件。兽眉粗浓,小眼圆睁,嘴长至颚部,右腮鬃毛后扬。头顶正中有置放兽角的圆孔,头后设椭圆形孔以套装于仔角梁的榫上。残高8.8、宽10.1、套孔径约7.5厘米。(图6-8:5;彩版三三:4)

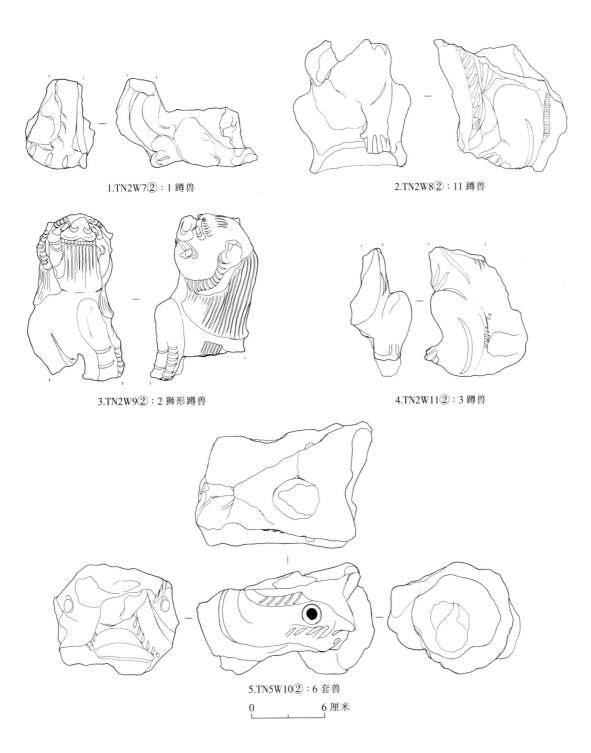

1.TN2W7②：1 蹲兽

2.TN2W8②：11 蹲兽

3.TN2W9②：2 狮形蹲兽

4.TN2W11②：3 蹲兽

5.TN5W10②：6 套兽

0 —— 6厘米

图6-8 第2层出土屋顶脊饰（一）

TN3W7②：13，脊兽残件。外饰两排竖向长条状纹样，以凹弦纹相隔。残长9.2、残宽5.2、厚2.5厘米。（图6-9：1；彩版三四：1）

TN3W7②：6，兽角残件。兽角向左弧弯，横截面为圆形，下粗上细，角尖略内卷。下部饰横向短划纹，上部饰一道凹弦纹。残长17.6、直径3厘米。（图6-9：2；彩版三四：2）

TN3W10②：2，兽角残件。兽角向左弧弯，横截面为圆形，下粗上细，表面饰一道凹弦纹，中部在凹弦纹上加饰两道横向短划纹。残长17.1、直径2.9厘米。（图6-9：3；彩版三四：3）

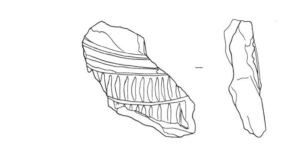

1.TN3W7②：13 脊兽

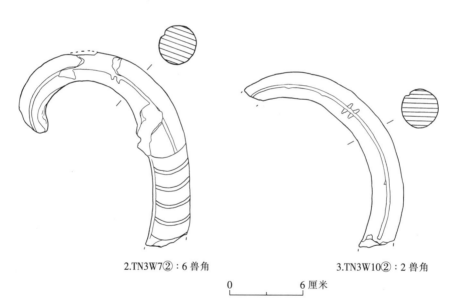

2.TN3W7②：6 兽角        3.TN3W10②：2 兽角

0        6厘米

图6-9  第2层出土屋顶脊饰（二）

**2. 火焰宝珠**

4件，皆为泥质灰陶。

TN2W8②：3，基本完整。中间为球形宝珠，两侧分饰火焰纹，顶部出尖，尖端残。下承束腰重瓣仰覆莲座，莲座底部正中设圆孔。残高16.8、最宽11、最厚6.9厘米。（图6-10：1；彩版三五：1）

TN2W9②：1，基本完整。中间为球形宝珠，两侧分饰火焰纹，顶部残。下承束腰仰覆莲

座，覆莲磨损严重无法辨识。莲座底部正中设圆孔。残高15.8、最宽11.5、最厚7厘米。（图6-10：2；彩版三五：2）

TN2W10②：3，残件，莲座及顶部均残。中间为球形宝珠，两侧分饰火焰纹。底部正中设圆孔。残高11.3、最宽11.2、最厚6.7厘米。（图6-10：3；彩版三五：3）

TN3W8②：3，基本完整。中间为球形宝珠，两侧分饰火焰纹，顶部残。下承束腰重瓣仰覆莲座，莲座底部正中设圆孔。残高14.2、最宽11.4、厚6.8厘米。（图6-10：4；彩版三五：4）

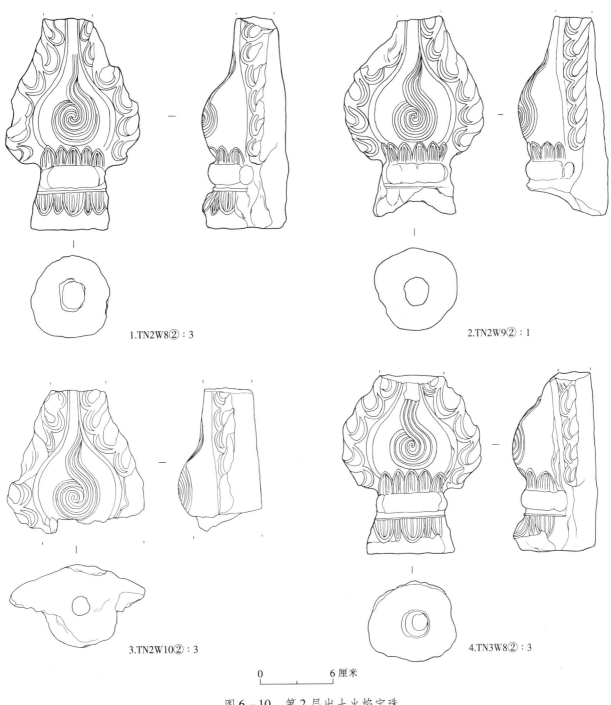

1.TN2W8②：3　　　　2.TN2W9②：1

3.TN2W10②：3　　　　4.TN3W8②：3

0　　　　6厘米

图6-10　第2层出土火焰宝珠

### 3. 砖雕饰件

9件，皆为泥质灰陶。

TN2W8②:1，基本完整。平面为长方形，饰缠枝花卉纹，纹饰模印而成。残长14、宽9.6、厚2.5厘米。（图6-11:1；彩版三六:1）

TN2W8②:7，基本完整。平面为长方形，饰缠枝花卉纹，纹饰模印而成。残长16、宽9、厚2.2厘米。（图6-11:2；彩版三六:2）

TN5W10②:2，边角稍残。平面为长方形，饰缠枝花卉纹，纹饰模印而成。长12.5、宽9、厚2.5厘米。（图6-11:3；彩版三六:3）

TN3W7②:4，残件。平面为长方形，在长方形边框内饰卐字纹，纹饰模印而成。残长12.9、宽9.8、厚2.5厘米。（图6-11:4；彩版三六:4）

TN5W10②:3，基本完整。平面为长方形，浮雕缠枝纹。残长15、宽10、厚3.6厘米。（图6-11:5；彩版三七:1）

TN5W10②:4，残件。平面为窄长方形，饰连珠纹，纹饰模印而成。残长12、宽8.8、厚3.2厘米。（图6-11:6；彩版三七:2）

TN2W7②:10，莲座残件。座前部饰单瓣覆莲，莲瓣较宽大。残长10、残高6.5、厚1.4厘米。（图6-11:7）

TN3W7②:11，莲座残件。座前部饰单瓣覆莲，莲瓣较细长，略出尖，瓣间以菱形纹与一条脊状细突相连成间纹。座后部素面，下部设圆孔。残高4.9、座径8.4、孔径3.7厘米。（图6-11:8；彩版三七:3）

TN3W8②:1，饰件，基本完整。上部呈倒梯形，饰卷草纹。下部为瓶形，素面。顶部横贯梯形槽沟，下端有一长方形榫。残高13、最宽11.4、厚3.7厘米。（图6-11:9；彩版三七:4）

## 二　陶塑像

4件。残损严重，为天王像及兽尾之类残件。

### 1. 天王像残件

2件。主要为着铠甲的天王身躯、手臂。

TN2W11②:4，左臂残件。前臂着铠甲，残存三排，横缀甲片呈竖向长条状，每排间以凹弦纹相隔。肘部护甲向外撑开。上臂着护肩，饰有圆形戳印纹。残长24、最宽8.4厘米。（图6-12:1；彩版三八:1）

1.TN2W8②：1 砖雕饰件

2.TN2W8②：7 砖雕饰件

3.TN5W10②：2 砖雕饰件

4.TN3W7②：4 砖雕饰件

5.TN5W10②：3 砖雕饰件

6.TN5W10②：4 砖雕饰件

7.TN2W7②：10 莲座残件

9.TN3W8②：1 饰件

0       6厘米

8.TN3W7②：11 莲座残件

图 6-11 第 2 层出土砖雕饰件

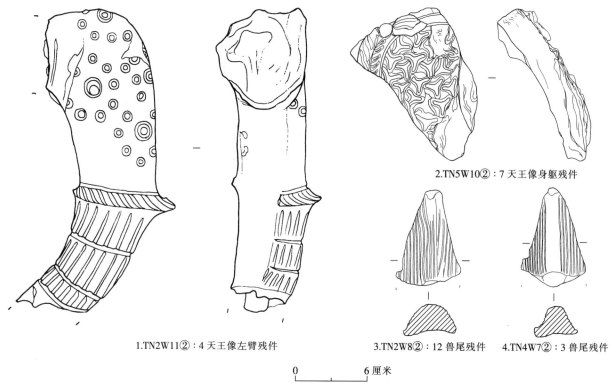

1.TN2W11②：4 天王像左臂残件          2.TN5W10②：7 天王像身躯残件          3.TN2W8②：12 兽尾残件          4.TN4W7②：3 兽尾残件

0 ———— 6 厘米

图 6－12　第 2 层出土雕塑像

TN5W10②：7，身躯残件。残存小块腰腹部位，腰帏处束带并在身前系蝴蝶结，下着三角形甲片连缀而成的铠甲。残长 12、残宽 9.1、厚 2.5 厘米。（图 6－12：2；彩版三八：2）

**2. 兽尾残件**

2 件。尾上竖，尾尖略内卷，用细划纹表现尾毛。

TN2W8②：12，残高 7.5、厚 2 厘米。（图 6－12：3；彩版三八：3）

TN4W7②：3，残高 7.8、厚 2.2 厘米。（图 6－12：4；彩版三八：4）

**三　瓷器**

11 件。有青瓷、黑釉瓷、黄釉瓷、青花瓷四种，所属窑口包括越窑、龙泉窑、吉州窑及明景德镇窑等，此外还有未能确定的民间小型窑口。

**（一）青瓷**

7 件。以越窑产品为主，另有龙泉窑。

**1. 越窑**

5 件。包括碗和盘，另有 1 件不明器形的残件。

**碗**　3 件。

TN3W10②:6，莲瓣碗口沿残件。灰胎，青黄釉。外壁饰莲瓣纹，莲瓣为重瓣，花瓣较宽，瓣脊突起。内壁近口沿处刻划两周凹弦纹，其内饰水波纹。残长 10.5、残高 5.4、厚 0.3 厘米。（图 6 - 13：1；彩版三九：1）

TN3W10②:3，侈口碗，可复原。圆唇，沿微外折，斜曲腹，圈足。灰白胎，灰青釉。足底满釉，内底有泥条垫烧痕。口径 21、足径 9、高 8.3 厘米。（图 6 - 13：2；彩版三九：2）

TN3W11②:4，敞口碗，可复原。圆唇，斜曲腹，圈足。灰胎，青黄釉。足底未施釉，内底有支钉支烧痕。口径 13.6、足径 5.6、高 5.4 厘米。（图 6 - 13：3；彩版四〇：1）

**盘**　1 件。

TN3W10②:5，器底残件。器底近平底微内凹。灰胎，灰青釉。足底满釉，底部有泥条垫烧痕。内底外缘有一周凹弦纹，底面饰双鲶鱼纹，鱼头略呈三角形，鱼须飘动，鱼身细长，用一道凹弦纹表现背脊线，腮鳍、身鳍、尾鳍均刻画细腻，写实性较强。残足径 6.7、残高 2.7 厘米。（图 6 - 13：4；彩版四〇：2）

**不明器形残件**　1 件。

TN3W10②:7，器腹残件。灰胎，灰青釉。内壁残留楷书"院永充"款。残长 7.4、宽 4.4 厘米。（图 6 - 13：5；彩版四一：1）

**2. 龙泉窑**

2 件。有碗和花口盏。

**碗**　1 件。

TN3W11②:6，腹底残件。圈足。灰胎，灰青釉，釉层较厚。足底刮釉，内底有支钉支烧痕。足径 5.6、残高 6.3 厘米。（图 6 - 13：6；彩版四一：2）

**花口盏**　1 件。

TN3W10②:4，可复原。圆唇，斜弧腹，圈足。灰胎，青黄釉，釉层厚，釉面有开片。足底未施釉。花口下压印竖直线。口径 12.2、足径 4.4、高 3.7 厘米。（图 6 - 13：7；彩版四一：3）

（二）黑釉瓷

2 件。均为束口盏，吉州窑产品。

TN3W11②:3，可复原。尖唇，近口沿处稍内折，下腹近斜直，小圈足。灰胎，黑釉，外壁施釉不及底，口沿处呈棕色。口径 10.7、足径 3.5、高 4.8 厘米。（图 6 - 13：8；彩版四二：1）

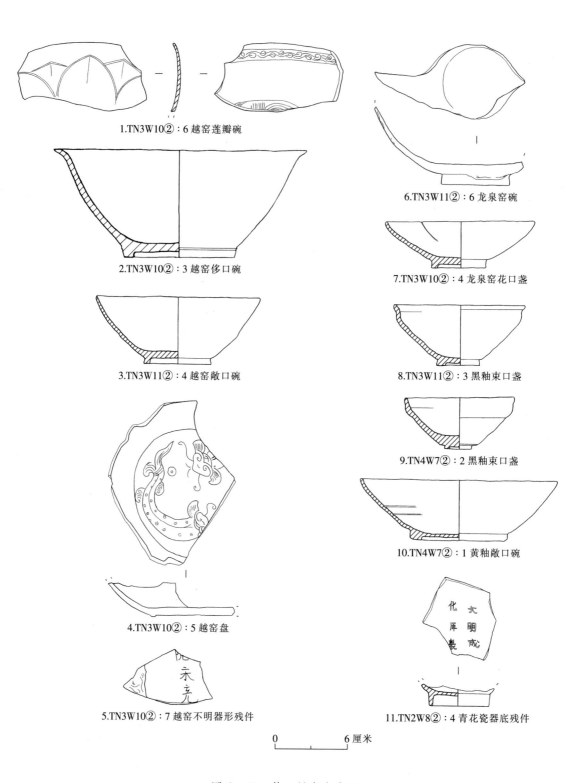

1.TN3W10②：6 越窑莲瓣碗

2.TN3W10②：3 越窑侈口碗

3.TN3W11②：4 越窑敞口碗

4.TN3W10②：5 越窑盘

5.TN3W10②：7 越窑不明器形残件

6.TN3W11②：6 龙泉窑碗

7.TN3W10②：4 龙泉窑花口盏

8.TN3W11②：3 黑釉束口盏

9.TN4W7②：2 黑釉束口盏

10.TN4W7②：1 黄釉敞口碗

11.TN2W8②：4 青花瓷器底残件

0            6厘米

图 6-13    第 2 层出土瓷器

TN4W7②：2，可复原。尖唇，上腹稍外鼓，下腹斜直，饼足内凹。灰胎，黑釉，外壁施釉不及底，口沿处呈棕色。口径9、足径2.2、高4厘米。（图6－13：9；彩版四二：2）

（三）黄釉瓷

1件。器形为敞口碗，窑口不明。

TN4W7②：1，可复原。圆唇，斜曲腹，浅圈足。灰白胎，姜黄色釉，外壁施釉不及底。内壁划一周弦纹，内底有垫圈垫烧痕。口径16.1、足径8、高4.9厘米。（图6－13：10；彩版四三：1）

（四）青花瓷

1件。器底残件，器形不明，为景德镇窑产品。

TN2W8②：4，圈足。胎细白，釉色白中闪青，透亮有光泽。足内外各以青花饰一周弦纹。内底有青花楷书竖排双行"大明成化年制"款。足径4.8、残高1.7厘米。（图6－13：11；彩版四三：2）

# 第二节　第1层出土及采集遗物

第1层出土及地表采集遗物只有建筑构件，有陶、石两种质地，可分为塔砖、瓦件、装饰构件、角柱四类。塔砖将于下节叙述，此不赘述。

## 一　瓦件

2件。皆为泥质灰陶。

### 1. 瓦当

1件。

TN7W12①：1，残存瓦当下部。当面纹饰仅见茎叶部位，珍珠地隐约可见。当面径14.2、边轮宽2.1、厚1.8厘米。（图6－14：1；彩版四四：1）

### 2. 滴水

1件。

采：1，基本完整，后接残损板瓦。平面为三角垂尖形，饰凤纹。凤回首展翅呈飞翔状，椭圆眼，喙勾尖，长尾羽上扬。主体纹饰外以两道凸弦纹为边框。残长13.8、高9.9、厚1.1厘米。（图6－14：2；彩版四四：2）

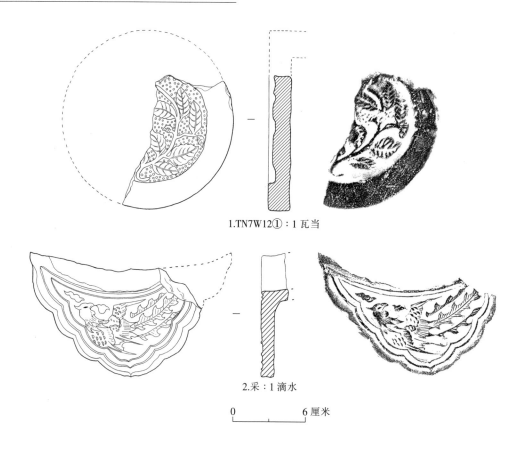

1.TN7W12①：1 瓦当

2.采：1 滴水

0        6 厘米

图 6 - 14    第 1 层出土及采集瓦当

## 二　装饰构件

5 件。皆为泥质灰陶，有屋顶脊饰、火焰宝珠与砖雕饰件三类。

### 1. 屋顶脊饰

2 件。

TN5W11①：2，蹲兽残件。四肢微屈，呈蹲立状。鬃毛披于背脊两侧，兽尾上翘。兽底部残留半块板瓦。应是烧制前先将兽与瓦黏结在一起，随后同时烧成。总长 15、残高 15.6、最宽 12 厘米，瓦厚 1.6 厘米。（图 6 - 15：1；彩版四五：1）

TN7W13①：3，龙首残件。侧面像，犄角后竖，浓眉大眼，嘴长至颚部并微启，上齿外露，下颌处直鬃须飘垂。残长 9.2、最宽 5、厚 3 厘米。（图 6 - 15：2；彩版四五：2）

### 2. 火焰宝珠

1 件。

采：2，基本完整。中间为球形宝珠，两侧分饰火焰纹，顶部出尖，尖端已残。下承束腰重瓣仰覆莲座，莲座底部正中有圆孔。残高 15.4、最宽 11、最厚 6.9 厘米。（图 6 - 15：3；彩版四五：3）

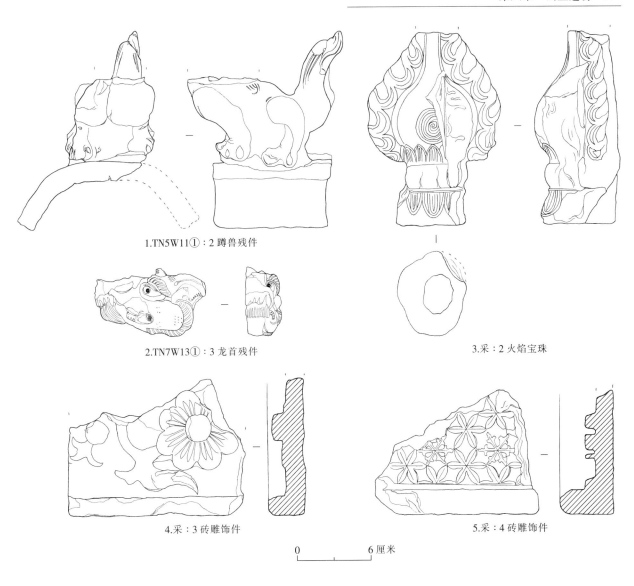

1.TN5W11①:2 蹲兽残件

2.TN7W13①:3 龙首残件

3.采:2 火焰宝珠

4.采:3 砖雕饰件

5.采:4 砖雕饰件

0        6厘米

图6-15 第1层出土及采集装饰构件

### 3. 砖雕饰件

2件。

采:3,残件。平面为长方形,减地浅浮雕折枝花卉纹。残长14.7、残宽10.8、厚3厘米。(图6-15:4;彩版四五:4)

采:4,残件。平面为长方形,减地半透雕花卉纹。残长13.7、残宽10、厚4.4厘米。(图6-15:5;彩版四五:5)

### 三 角柱

3件。皆为石质,主要为塔身转角处立柱,柱身外立面均为半圆形,内面为长方形。

采:34,柱身中部有一长条状凹槽。其一端出榫,一端凿成台阶状浅槽。长196、最宽32、厚42厘米。(图6-16:1)

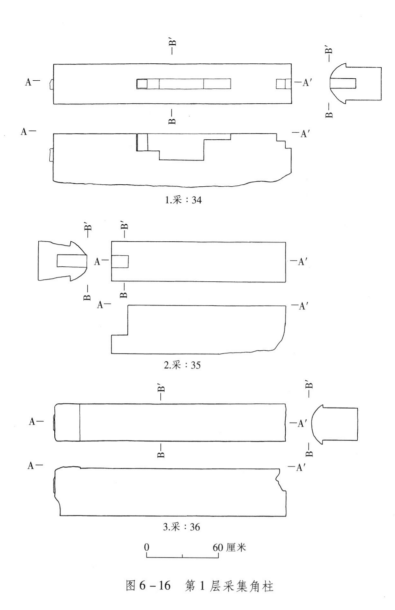

图 6 - 16    第 1 层采集角柱

采：35，柱身一端有一长方形孔。长 143、宽 32、厚 39 厘米。（图 6 - 16：2）

采：36，柱身一端出榫。长 191、最宽 32、厚 38 厘米。（图 6 - 16：3）

## 第三节    塔砖

塔砖，即砌筑塔身使用的长方形条砖，青灰色，质地坚硬，多有铭文。塔砖铭文以阴文为主，少量为阳文，多模印于两端面，纵侧面次之，砖面最少。铭文内容主要为舍砖者的乡里与姓氏、属地、专属塔名等，此类塔砖应为民间捐造。本次发掘的铭文塔砖以采集所得为主，另有三块为砌筑于塔身底层的塔砖。（表 6 - 1）

表 6 - 1 南高峰塔遗址出土及采集塔砖统计表

| 标本号 | 铭文内容 | 铭文部位 | 类别 | 尺寸（厘米） | 备注 |
|---|---|---|---|---|---|
| 采:5 | 南（高）峰 | 端面 | 属地砖 | 厚9.2 | 残，有长方形边框 |
| 采:6 | ……衢州罗王氏口名口莲…… | 纵侧面 | 铭舍砖者地望、姓氏及名字 | 无法测量 | 残 |
| 采:7 | 南高峰 | 端面 | 属地砖 | 厚9.2 | 残，有长方形边框 |
| 采:8 | （南高）峰（峰） | 端面 | 属地砖 | 厚10.2 | 残 |
| 采:9 | 南高峰 | 端面 | 其他铭文 | 无法测量 | 残，有长方形边框。印模两遍，字有重影 |
| 采:10 | ……明修…… | 端面 | 其他铭文 | 无法测量 | 残，有长方形边框 |
| 采:11 | ……云从 | 端面 | 属地砖 | 无法测量 | 残，有长方形边框 |
| 采:12 | （南高）峰 | 端面 | 南高峰塔专属用砖 | 厚9.2 | 残，有长方形边框 |
| 采:13 | ……塔砖 | 端面 | 属地砖 | 无法测量 | 残，有长方形边框，阳文 |
| 采:14 | 南高（峰） | 纵侧面 | 属地砖 | 无法测量 | 残 |
| 采:15 | 南高峰 | 端面 | 南高峰塔专属用砖 | 宽16，厚9.2 | 残，有长方形边框 |
| 采:16 | 南高峰<br>……修善草…… | 砖面<br>砖面 | | 厚10 | |
| 采:18 | ……（南）高峰宝（塔砖） | 纵侧面 | 南高峰塔专属用砖 | 厚9.7 | 残，阳文 |
| 采:19 | ……章氏 | 端面 | 铭舍砖者姓氏 | 无法测量 | 残，有长方形边框 |
| 采:20 | ……（南高峰）宝塔砖 | 纵侧面 | 南高峰塔专属用砖 | 厚9.6 | 残，印模两遍，字有重影，阳文 |
| 采:21 | ……门章氏 | 端面 | 铭舍砖者姓氏 | 厚9.3 | 残，有长方形边框 |
| 采:22 | 胡门章氏 | 纵侧面 | 南高峰塔专属用砖 | 厚9.6 | 残，有长方形边框 |
| 采:23 | ……修善草助（塔）（砖） | 纵侧面 | 南高峰塔专属用砖 | 无法测量 | 残 |
| 采:24 | ……氏 | 砖面 | 铭舍砖者姓氏 | 厚9 | 残，有长方形边框 |
| 采:25 | 龙邑叶欣向（喜）助杭州西湖南高峰塔砖 | 纵侧面 | 其他铭文 | 厚9.9 | 残，阳文 |
| 采:26 | 善 | 纵侧面 | 铭舍砖者地望、姓氏及名字 | 厚6.6 | 残，阳文 |
| 采:27 | 范门施氏经募 | 端面 | 铭舍砖者姓氏 | 宽16，厚9.2 | 残，有长方形边框 |
| 采:28 | 范门施氏经募 | 端面 | 铭舍砖者姓氏 | 长31.8，宽15.5，厚9.2 | 基本完整 |
| 采:29 | 平十 | 端面 | 铭放置方式及数量 | 宽16.3，厚6 | 残，阳文 |
| 采:30 | 南高峰<br>……塔砖 | 端面<br>砖面 | | 厚10.2 | |
| 采:31 | 南高峰舍利塔砖<br>口民国第一庚申向门口氏允修草舍 | 砖面<br>端面 | | 长32.5，宽18，厚10.2 | 残 |
| 塔砖:1 | 口口西湖南高峰宝塔砖 | 端面 | | 长32，宽16，厚9.3 | 完整，有长方形边框 |
| 塔砖:2 | 僧联宗传慧全喜助南高峰塔砖 | 纵侧面 | | 长32，宽17.7，厚11 | 完整 |
| 塔砖:3 | 林门钱氏助南高峰塔砖<br>无法释读 | 纵侧面<br>纵侧面 | | 长31.5，宽17.6，厚11 | 基本完整，有长方形边框 |

### 一 地表采集塔砖

20世纪50年代,南高峰毗邻的翁家村村民常取塔砖盖房,致使遗址区域残存的塔砖数量极少,散落于地表的塔砖基本为残件,铭文亦多残缺不全。采集的铭文砖共有26块,有三款不同字体,以楷书为主,少量为篆书、隶书。依据铭文残缺内容分类如下:

(1)属地砖,7件。铭文内容标明佛塔地望,部分铭文外有长方形边框。如"南高峰"。(图6-17)

(2)标明为南高峰塔专属用砖,5件。如"……塔砖""南高峰宝塔砖""南高峰塔砖"。(图6-18)

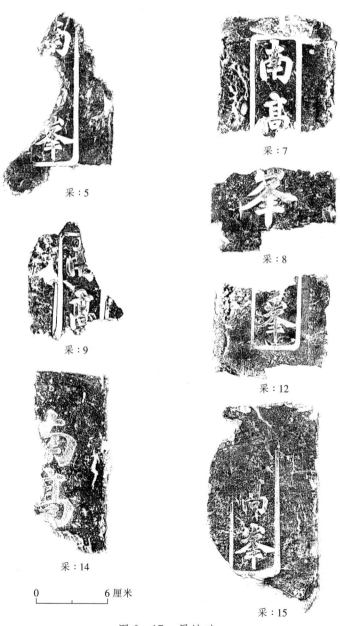

图6-17 属地砖

（3）铭舍砖者的地望、姓氏及名字，2 件。如"……衢州罗王氏□名□莲……""龙邑叶欣向喜助杭州西湖南高峰塔砖"。（图 6 – 19）

（4）铭舍砖者的姓氏，5 件。如"胡门章氏""范门施氏经募"。（图 6 – 20）

（5）铭置放方式及数量，1 件。如"平十"。（图 6 – 21）

（6）其他铭文，3 件。因残缺较甚，无法释读铭文的完整意思，难以归入上述类别。如"……云从""……明修……""善"等。（图 6 – 22）

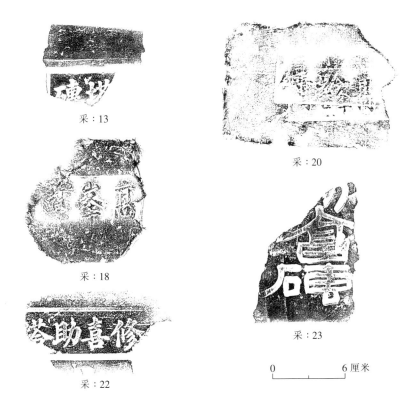

图 6 – 18　南高峰塔专属用砖

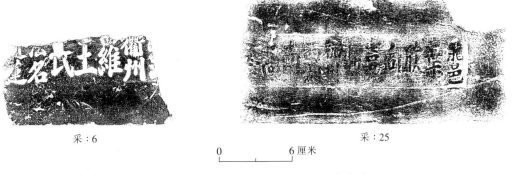

图 6 – 19　铭舍砖者地望、姓氏及名字砖

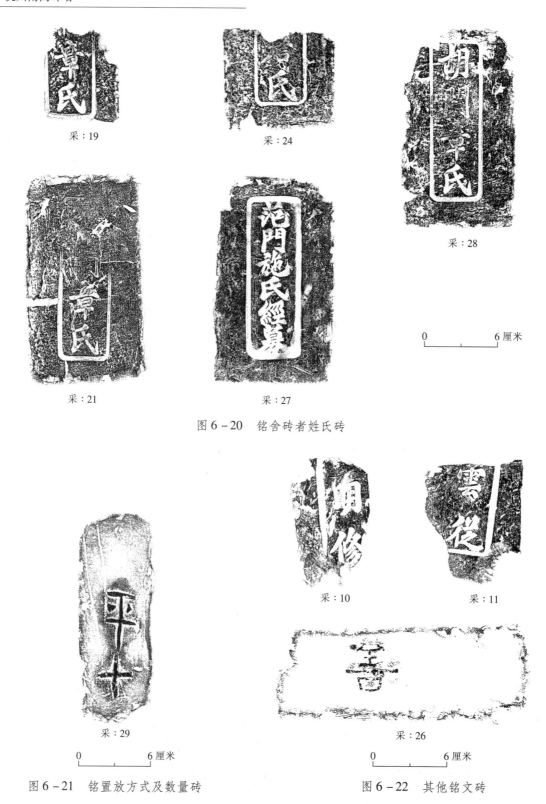

图 6 - 20　铭舍砖者姓氏砖

图 6 - 21　铭置放方式及数量砖　　　　图 6 - 22　其他铭文砖

　　另外有塔砖 3 件，均在同一块砖的端面与砖面等不同部位模印铭文。如采：16，砖面模印"南高峰"，端面则为"……南……修喜……"（图 6 - 23：1）；采：30，砖面模印"……塔砖"，端面则为"南高峰"（图 6 - 23：2）；采：31，铭文模印于两砖面，分别为"南高峰舍利塔砖""□民国第一庚申向门□氏允修喜舍"（图 6 - 23：3）。

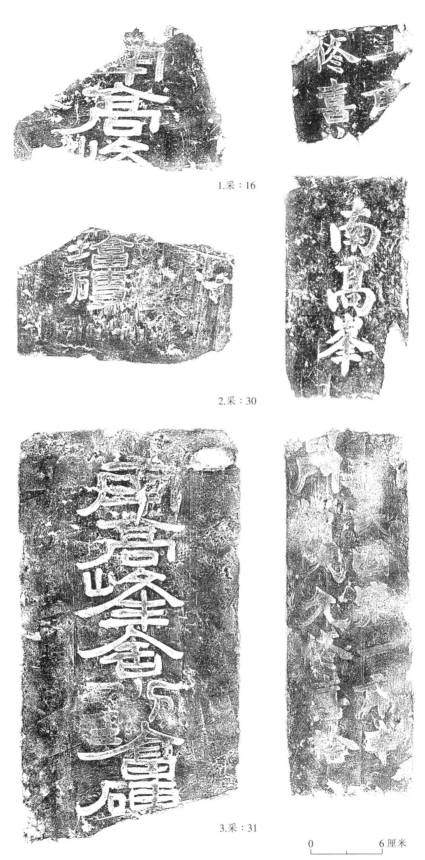

1.采：16

2.采：30

3.采：31

0      6厘米

图 6-23   多部位模印铭文砖

## 二　塔身底层塔砖

塔身东面最底层残存一纵一横交替平铺的三块塔砖，均有铭文，铭文分别模印于长方形条砖相对的两面。

塔砖：1，完整。铭文模印于两端面，均为竖写阴文、楷书，其外有一长方形边框。铭文分别为"南高峰""范门施氏经募"。长32、宽16、厚9.2厘米。（图6-24：1；彩版四六）

1.塔砖：1

2.塔砖：2

3.塔砖：3

0 　　　 6厘米

图6-24　塔身底层塔砖

　　塔砖:2，完整。铭文模印于两侧面，均为横写减地阳文、楷书。铭文分别为"杭州西湖南高峰宝塔砖""僧联宗传慧仝喜助南高峰宝塔砖"。长32、宽17.7、厚10厘米。(图6-24：2；彩版四七)

　　塔砖:3，基本完整。铭文模印于两侧面，均为横写阴文、楷书，其外有一长方形边框。铭文现存一面，为"林门钱氏喜助塔砖"，模印两次，字有重影现象。另一侧面的字迹已被磨平，无法释读。长31.5、宽17.6、厚10厘米。(图6-24：3)

# 第七章 结语

## 第一节 建筑遗迹的年代判定

根据本次发掘出土的遗迹现象，结合建筑材料特征分析，南高峰塔遗址建筑遗迹年代至少可分为早晚两个时期。早期建筑遗迹位于南部第二级台地上，主要由塔基、道路、塔院建筑基址等组成，年代为五代至宋。晚期建筑遗迹位于北部第一级台地上，主要为房屋基址，年代为清至民国。

### 一 五代至宋时期建筑遗迹

#### （一）南高峰塔塔基的年代

《淳祐临安志》《咸淳临安志》均记载南高峰塔为五代后晋"天福中建"。天福年间（936～944年），时为五代吴越国文穆王钱元瓘（932～941年在位）后期以及忠献王钱弘佐（941～947年在位）时期。吴越国由钱镠于907年创建，至978年钱弘俶纳土归宋，历三代五王，国境在今浙江、上海、江苏南部和福建北部一带。割据于南方的吴越国在五代乱世中善事中原，保境安民。历代君王以"信佛顺天"为信条，积极推行崇重佛教的政策，始终热衷于在其境内大兴佛教寺院与宝塔，遂成为盛况空前的东南佛国。《五代诗话》卷一引《曝书亭集》描述其时盛况："寺塔之建，吴越武肃王倍于九国。按《咸淳临安志》，九厢四壁，诸县境中，一王所建，已盈八十八所。合一十四州悉数之，且不能举其目矣。"[1] 这一时期的寺院、佛塔多建于山水秀美、清新静幽之处，如杭州灵隐寺、净慈寺，临安功臣塔、苏州云岩寺塔以及杭州雷峰塔、六和塔等。方志记载中的南高峰塔亦是在吴越之地信佛崇佛的历史大背景下得以营建。

---

〔1〕（清）王士禛编，郑方坤删补，戴鸿森校点：《五代诗话》，人民文学出版社，1989年，第30页。

发掘结果显示，南高峰塔顺应峰顶平台地势，坐落于平台第二级台地的东南角，直接利用裸露于地表的天然石灰岩岩体作为塔基。根据石灰岩岩体的原生状况，塔基南北部位的筑造方式略有差异。塔基北部，约占塔基总面积2/3的区域直接利用山岩，局部岩体凹陷处先以不规则石块垫高，再填以红褐色黏土夯实找平。塔基南部，约占塔基总面积1/3的区域先以块石垫底，其上再夯筑一层厚25～40厘米的夯土作为找平层。也就是说，塔基北部依托原生山岩作为塔基基体，该区域内的一层塔身就砌筑于凿平后的山岩之上；塔基南部因山岩不及，遂在生土上垫石填土夯筑而成。总而言之，南高峰塔地基处理方式简单，大部分直接利用天然山岩为基础，相当于直接建造于原生地面之上。这种基础作法亦可说明南高峰塔塔基自建成后未发生过移位，现存塔基应为初建时的基础。

塔基所利用的自然山岩无法为判定建筑年代提供任何信息，在塔基上亦未发现纪年材料，但是在塔身南面残存一块不足1平方米的砖铺地坪，为我们探讨南高峰塔的建筑年代提供了重要线索。地砖平铺两层，上下层铺砖的规格完全不同：底层铺砖呈长方形，长36、宽18、厚6厘米；上层铺砖呈长条形，长28、宽9、厚4.5厘米。依据砖的规格，可看出它们分属不同时代的产品，代表着不同时代的建筑材料特征。塔身地坪底层铺砖与杭州雷峰塔[1]、苏州云岩寺塔[2]吴越国时期所用的塔砖规格基本相同，亦与吴越国康陵[3]的墓门及排水沟用砖规格基本相仿，而其上铺砖则为南宋时期典型的"香糕砖"。香糕砖在南宋临安城建筑遗迹中被广泛应用，主要用于道路铺设以及室外地面的砌作，如南宋御街[4]、南宋恭圣仁烈皇后宅遗址的庭院墁地[5]等。直接覆压塔基的地坪有两种不同时代、规格的地砖相互叠压，这一现象充分说明南高峰塔于五代吴越国时期建成后又在南宋时期进行过大修，印证了文献中关于南高峰塔"天福中建"，历宋一代于"圣世至道二年，邦人朱氏泉，崇宁癸未，仁王僧修懿，两尝葺补尔"[6]，以及"乾道五年，僧义圆重建"[7]的记载。

宋代之后的文献中不见有任何对南高峰塔再进行维修的记载，能查找到的都是塔在不同时代逐渐毁圮的记录。但是此次发现的塔砖厚度多为9～10厘米，如此厚度的塔砖显然不是

〔1〕 "塔砖多为长37、宽18、厚6厘米的长方形砖。"见浙江省文物考古研究所：《雷峰塔遗址》，文物出版社，2005年，第116页。

〔2〕 "云岩寺塔用砖文物局测绘提供标准砖32×18×4.5厘米。"见张颖：《苏州云岩寺塔的形制及样式研究》，东南大学硕士学位论文，第40页。

〔3〕 "墓门砖长30、宽15、厚6厘米。排水沟长32、宽15、厚5.5厘米。"见杭州市文物考古研究所、临安市文物馆：《五代吴越国康陵》，文物出版社，2014年，第9页。

〔4〕 杭州市文物考古研究所：《南宋御街遗址》，文物出版社，2013年。

〔5〕 杭州市文物考古研究所：《南宋恭圣仁烈皇后宅遗址》，文物出版社，2008年，第22页。

〔6〕 （宋）潜说友：《咸淳临安志》，卷八十二《寺观八·佛塔》，浙江古籍出版社，第3003页。

〔7〕 （宋）潜说友：《咸淳临安志》，卷八十二《寺观八·佛塔》，浙江古籍出版社，第3002页。

宋《营造法式》所规定的用砖规格，亦不同于太庙[1]、临安府治与府学[2]等南宋遗址中出土的建筑用砖，应是宋代以后的建材。从一张民国时期杭州二我轩照相店发行的《南高峰古塔》老照片可以看到，塔身西面门洞上方外立面的塔砖全部残损，明显形成大面积的凹面（图7-1）；另一张西湖新新旅馆留存的民国时期老照片上，前述残损部位已用砖进行了修补（图7-2）。此外，在采集的一块塔砖上明确印有"□民国第一庚申"（1920年）的纪年。由此可见，南高峰塔在宋代之后虽不再有大规模的维修，但一直有小规模的葺补。这些小规模整饬修葺虽无力改变南高峰塔的衰颓，但延缓了其彻底毁圮的速度，使得我们在民国时期仍能于南高峰顶窥见其残貌。

综上所述，根据南高峰塔地坪铺砖、塔砖所表现的时代特征，以及吴越国崇尚佛教的时代背景，再结合文献记载、老照片比对等，可以确认该塔始建于五代吴越国时期，在宋代进行过三次维修，其中南宋孝宗乾道五年（1169年）由义圆主持的维修工程规模最大。宋代之后虽一直对南高峰塔进行着小规模的葺补，但已无力挽回其衰颓的态势。

图7-1 南高峰古塔
（二我轩照相店发行，西湖博物馆提供）

〔1〕 杭州市文物考古研究所：《南宋太庙遗址》，文物出版社，2007年。
〔2〕 杭州市文物考古研究所：《南宋临安府治与府学遗址》，文物出版社，2013年。

图 7 - 2　南高峰古塔
（西湖新新旅馆存，西湖博物馆提供）

### （二）塔基以西建筑遗迹的年代

该区域内的建筑遗迹主要有道路、塔院基址等。

道路遗迹是连接南高峰塔与塔院（荣国寺）的通道。路北和路南两侧的包边材料主要为南宋常用的窄长条形香糕砖，但道路南侧包边西端最底部两层的砌砖规格却不同于香糕砖，虽多为残砖，长度不详，但残宽 17～18、厚 5～6 厘米。唯见长方形整砖一块，长 36、宽 17.5、厚 6 厘米，其宽度、厚度与残砖尺寸一致，由此推断残砖长度也与整砖一样。这两层砖的规格不同于香糕砖，但与塔身地坪底层铺砖基本一致，当为吴越国时期所用之砖。道路南侧的包边发现两种不同时代、规格的砖上下叠压的现象，也说明该遗迹在吴越国时期已存在，至南宋时在原有基础上进行了整修。

塔院建筑破坏非常严重，仅残存基址，可资判定年代的信息甚少，唯 F1 能为我们提供些微线索。F1 夯土台基的南、西、北三侧台壁残存的包边材料均为长方形石块，对判定台基的年代意义不大，仅东侧台壁多以砖包砌，砖规格皆为长 28、宽 8、厚 4 厘米，即南宋时期广泛使用的香糕砖，据此可以断定夯土台基至迟为南宋时期遗迹。虽然台基的建筑材料不见任何吴越国时期的特征，但考虑到塔基、道路等遗迹皆始建于吴越国时期，以及南高峰塔及塔院布局的完整性，再结合《咸淳临安志》关于其"天福间建，元系塔院"，并在南宋末年得以维修一新的记载,我们推断 F1 的基础可能亦为吴越国时期始建,只是如今仅存南宋时期大规模重修后的痕迹。

F1 西面还揭露有排水沟 3 条、墙体 2 段。G1、G2 为紧贴 F1 西侧台壁南段和北段的两条排水沟,两沟东壁即为 F1 西侧台壁,G1 将水直接排至第二级台地南面断崖下,G2 向北面地势较低的第一级台地排水,两沟可同时将 F1 的积水从南、北两个方位排出,G1、G2 应同为 F1 的排水设施,此外 G2 的壁砖还见有香糕砖,据此两点可判断 G1、G2 的建筑年代与 F1 大致相同。Q1 与 F1 之间仅以 G2 相隔,其与 F1 北侧台壁均位于第二级台地北缘,基本呈一条线分布,从峰顶平台地形、塔院建筑布局等实际情况分析,Q1 年代应与 F1 相当。Q2 筑于第二级台地延至第一级台地的陡坡上,在第二级台地北缘与 Q1 相交呈 T 形,其砌石上端出尖且立面凿痕清晰的修整方式与 Q1 砌石相同,故 Q2 年代应与 Q1 一致,亦与 F1 年代大致相同。G3 南端叠压于 Q2 之下,北段向第一级台地延伸,也是为了将雨水由第二级台地排至第一级台地,其年代应与 G1、G2 相同。综合以上因素,G1、G2、G3、Q1、Q2 均属早期建筑遗迹,应为塔院附属建筑,年代不会晚于南宋。

## 二 清至民国时期建筑遗迹

晚期建筑遗迹位于北部地势较低的第一级台地上,主要有房址两座。F2 西墙基叠压于 F3 东墙基之上,依据叠压打破关系,F2 晚于 F3。这两座房址残存墙基的砌筑方式基本相同,均以并列的两排石块砌筑而成,明显不同于早期遗迹中以单列石块砌筑的做法。F3 墙基内还见以残石质建筑构件作为砌墙石的做法,这种利用早期建筑构件的砌墙方式普遍年代较晚。据此推断,F2、F3 与南宋维修后的塔院建筑并无关系,其建筑年代明显晚于南宋。

通过与现有的民国时期南高峰塔老照片进行比对,我们也发现了一些有利于判定 F2、F3 年代的线索。将其中一幅拍摄于 20 世纪 20 年代的照片与考古清理的塔基、道路等遗迹比照后,可以判断出拍摄者的拍照位置在南高峰塔及塔院建筑中轴线的南面(图 7-3)。照片右侧是存一级的南高峰残塔,塔左面为一座硬山顶房屋,该屋正脊基本与南高峰塔塔身西南边平行,故其应位于塔之东北,朝向为西南—东北向,2000 年新建的骋望亭大致与此屋东半部重合。照片左下方还拍下了一座平房的东部,估算此屋与塔左面房屋间隔约 5 米,且两屋正脊之间明显有夹角,其正脊方向更偏北,结合峰顶两级台地的地形及发掘北区 F2、F3 的情况,基本判断该屋与 F2 的位置、方向相似,由此判定 F2 即为照片左下方的房屋,其建造年代明显早于此幅照片拍摄之时。

再有一幅杭州二我轩照相店发行的南高峰塔照片(见图 7-1),画面内容与图 7-3 略有差异,主要有三点不同之处。一是拍摄者的拍照位置稍有不同,为南高峰塔纵轴线的北面所拍。二是上述判定的 F2 已无存,在 F2 与塔东北原有房屋的间隔处新建一间紧贴塔东北房屋

图 7 - 3　20 世纪 20 年代的南高峰塔
（西湖博物馆提供）

西墙，且朝向与之一致的披屋，披屋西南墙辟有一门。三是在塔东北原有房屋屋顶前出露一道屋顶正脊的西端，可见在其前方又新建了一座建筑，前后两座建筑的正脊方向、屋顶形式皆一致，故而新建房屋亦为西南—东北向的硬山顶建筑。由此确定，二我轩照相店所发行照片的拍摄时间要晚于这张 20 世纪 20 年代的南高峰塔照片。此外，二我轩照片中南高峰塔塔身西面一层门洞上方外立面的塔砖全部残损，形成大面积的凹面，这种残损状态与《西湖百景》[1] 中南高峰塔照片所呈现的风貌一致。《西湖百景》是 1928 年 9 月舒新城先生应中华书局之邀，为配合西湖博览会举办，利用半年时间于杭州完成拍摄，故而二我轩照片的拍摄时间可能与舒新城先生的大致相近。

　　综合上述因素，我们断定 F2 的年代下限不会晚至 20 世纪 20 年代末，其上限至迟在民国初期，但也不排除早至清代末年。同时依据 F2、F3 的叠压打破关系，F3 年代早于 F2，由此推断 F3 的建筑年代最迟可上溯至清代末年。

---

〔1〕　舒新城：《西湖百景》，中华书局，1929 年，第 89 页。

## 第二节　南高峰塔及塔院建筑布局

公元 1 世纪佛教经由西域丝绸之路传入中原，作为外来建筑形式的塔寺也随之传到中国，并与中国古代传统建筑融合，逐步发展成今日形制完备的寺院形态。塔寺建筑最早见诸史籍的是东汉洛阳白马寺，《魏书·释老传》记其"盛饰佛图，画迹甚妙，为四方式。凡宫塔制度，犹依天竺旧状而重构之……谓之'浮图'，或云'佛图'"，至东汉末年笮融在徐州"大起浮图祠"。"浮图"即为佛塔，"浮图祠"即以塔为主体建筑的佛寺，可见中国早期佛教建筑平面布局仍依循印度佛寺制式，以塔置于佛寺中央。魏晋南北朝时期，佛教得到极大发展，真正进入本土化阶段，加之王侯贵族等舍宅为寺，佛寺布局逐步分化多元发展，其中沿纵向轴线前塔后殿、周绕回廊式布局成为主流，塔依然处于中心地位，而中轴线上的次中心位置则配备了佛殿。隋唐时期，前塔后殿的布局初时仍占据主导地位，但随着塔的中心地位逐渐减弱，佛殿逐步成为寺院的主体。唐代中晚期，中轴线上前殿后塔，或将塔移至别院不配置于中轴线上，以及前佛殿后法堂无佛塔的布局基本成形。五代至宋代以后，佛殿始终占据寺院的中心地位，塔的地位降低并逐渐排除到佛寺之外。

### 一　南高峰塔及塔院布局形制

根据考古发掘迹象，南高峰塔及塔院顺应南高峰峰顶第二级台地东西长、南北窄的地形，采取一条贯穿东西的纵向轴线，以前塔后殿形式布局。这种以佛塔为中心的建筑布局，反映出南高峰塔于吴越国初建时沿袭了隋唐及之前佛寺建筑的布局特点，塔的重要性远远高于殿。五代时期应是以佛殿为寺院中心的，但根据发掘迹象显示，南高峰塔在规划兴建时就将其配置为主体建筑，塔院只是从属于佛塔的配套设施。综观吴越国时期所兴建的佛塔，以单塔为中心、塔院为附属设施的布局形式不乏其例，如现存的杭州保俶塔、雷峰塔、六和塔、闸口白塔，余杭安乐塔，安吉灵芝塔，台州瑞隆感应塔等，初建时均是采用以佛塔为主、塔院为配属的建置形制。因此，南高峰塔以佛塔作为主要建置的布局，并不完全是受南高峰峰顶地形所限因地制宜而采用的形式，而是吴越国时期普遍采用的一种佛教建筑布局。虽说佛寺布局于唐代中晚期完成了向佛殿为中心，前殿后塔式以及无塔式寺院过渡，然而五代吴越国偏安江南，这一时期中原地区佛寺格局变化对其影响并不大，故其境内以佛塔为主要建置的平面布局形制数量较多，占有很大的比重。

综上所述，吴越国时期筹建南高峰塔时就已规划好佛塔及塔院建筑以前塔后殿形式布局，宋代重修与增建新建筑时也并未对早期的平面形制进行改动，故而南高峰塔一直处于整个建筑布局的主体地位，其沿东西向纵轴线布列建筑单元的特点始终保持不变。这与南宋重修后的雷峰塔[1]、飞英塔[2]有相类处，它们在维修后均保留了吴越国兴建时以佛塔为主要建置的寺塔布局形制。

### 二　塔院建筑配置

塔院作为南高峰塔的附属建筑，以塔为中心向西延展，因山顶空间有限，建筑规模不大，布局亦不复杂。由于院内建筑早已破坏殆尽，我们只能依据考古迹象和《咸淳临安志》的记述，对塔院建筑的配置进行初步探讨。塔院在吴越国初建时仅有一座白龙王祠，本次揭露的在东西向纵轴线布列的一个近方形建筑台基，极有可能是白龙王祠的夯土台基。

宋时对塔院建筑进行了鼎新构砌。首先，在南宋初年兴建了灵顺庙（五显神祠）。此次发掘未发现与之相关的建筑迹象，仅在上述台基之西见有夯土地面遗迹，并在该位置地层中出土少量瓦当、滴水、脊兽，说明其上原应置有建筑。同时考虑南高峰塔及塔院建筑纵轴线布局，以及峰顶第二级台地地形东西长、南北窄的实际情况，我们推断灵顺庙极可能是继续沿轴线向西布列，居于白龙王祠之后（西面）。其次，在宋度宗咸淳六年（1270年）潜说友营建了华光楼，并于其旁添建射亭、角觗台。《咸淳临安志》明确记载华光楼位于灵顺庙后。根据五显神祠之后沿纵轴线向西有足够地理空间来看，华光楼有可能仍沿东西纵向轴线朝西布列。由此，随着时间的推移，南高峰塔塔院空间不断扩大，建筑内容不断增加，至南宋末年将峰巅第二级台地悉数利用，形成了一个较为完整的建筑群体。其沿中轴线纵向排列有白龙王祠、五显神祠、华光楼等建筑，而南高峰塔作为主要建筑位于塔院建筑之前，高高矗立于东西纵向轴线的前端。

## 第三节　建筑选址

### 一　五代至宋时期建筑选址

南高峰峰顶地势略平坦而开阔，自北面第一级台地往南约15米处地势陡然高峻，随后为第二级台地，两级台地相对高差为0.5～2米。第二级台地平面为长方形，东西长约50米，南北宽13～20米，南高峰塔及塔院等五代至宋时期建筑遗迹均位于该台地上。早期建筑借助第

〔1〕　黎毓馨：《杭州雷峰塔遗址考古发掘及意义》，《中国历史文物》2002年第5期，第4～12页。
〔2〕　王士伦、宋煊：《湖州飞英塔的构造及维修》，《浙江省文物考古研究所学刊——建所十周年纪念（1980～1990年）》，科学出版社，1993年，第299～314页。

二级台地位于峰顶最高处的地势，统一规划，下挖上垫，将台地进行平整修理，形成以佛塔为中心，祠庙居其后纵向序列的平面布局。在第二级台地东部略宽处耸立着一块较高大的石灰岩，山岩东西长约12米，南北宽约10米，距台地东侧断崖5～7米。建造者规划布局时依托自然山岩的格局，将佛塔直接置于石灰岩岩体之上，使得宝塔地处峰顶平台最高点，既显佛塔庄严肃穆之气势，又具山川形胜点景之作用，更兼登高极目抒怀之功能。

塔院建筑顺应第二级台地东西向较长的地形特点，以塔为中心，沿纵轴线向西依次布列，呈现出次序明晰的空间序列。同时因为第二级台地南北向较狭窄，在认真考量东西向纵轴线的建筑布局以及建筑体量的前提下，将建筑北侧墙体直接砌于第二级台地北缘，充分利用第二级台地与第一级台地之间的高差，既提升了建筑物高度，增添高峻挺拔的气势感，又能与南北相对狭窄、环境容量较小的地形相匹配。

从发掘迹象看，早期塔院建筑在选址规划时只考虑运用地势较高的第二级台地，并未在第一级台地上规划建筑。三条排水沟的排水方向亦可间接证明建造者们当年的规划布局思路。排水沟均为南北向，向南、北两方向同时排水，G1向南直接排水至第二级台地南缘断崖下，G2、G3向北将水排入地势较低的第一级台地。在江南多雨的天气下，三条排水沟能够很快将第二级台地的雨水泄掉，对塔院建筑形成保护。排水设施的营造充分考虑了峰顶地形、建筑布局等实际情况，也从侧面说明当时并未规划在北面第一级台地上营建建筑。因为如果在地势低洼的第一级台地上建有同时代的建筑，那么经由G2、G3排泄的雨水将直接浸扰这些建筑，增加水流对建筑本体的冲刷频率，使其长期处于人为的水害损伤中。这种破坏建筑的主观过错似乎不太可能，只能说明第一级台地上并未营建同时期的塔院建筑。

## 二 清至民国时期建筑选址

依据考古发掘迹象，并参照民国时期老照片，我们发现清至民国时期建筑布局完全不同于早期。首先在选址上，当早期塔院建筑圮毁后，并未选择于地势较高的第二级台地上重新规建。其次在南高峰塔不断损毁且得不到重建的情况下，不再遵从以佛塔为主要建置、沿东西向纵轴线布列建筑单元的早期平面布局特点。这一时期选择了峰顶平台北侧地势较低的第一级台地作为建筑新址，顺应第一级台地中西部较窄、东部较开阔的地形，将建筑规划营建于第一级台地的东部和中部，即南高峰塔的东北及北侧，可见塔的地位已退居殿堂之后。

发掘揭露的F2、F3均位于第一级台地的中部，此区域地形较狭长，环境容量小，房屋北墙皆紧邻台地北缘断崖。因地势制约，晚期建筑主要选择于第一级台地东北部的开阔地营建。民国时期的老照片记录了这一时期建筑的大致风貌，我们可由此窥见20世纪上半叶荣国寺平面形制之一斑。

杭州二我轩照相店发行的南高峰塔照片上可见塔之东北有两进硬山顶房屋，在本章第一节中已讨论过这两座房屋均为西南—东北向。另一张拍摄于1924年的《南高峰荣国寺的山门》照片中（图7-4），透过拱形门洞不仅可远眺西湖，还能看见湖北面的栖霞岭、宝石山，以及苏堤北段与湖中的阮公墩。宝石山位于南高峰的东北方向，而峰顶的第一级台地东部略向北折，此区域的眺望视角正好与山门门洞远望所见一致，所以山门与二我轩照片中房屋的朝向一致，亦为坐西南朝东北。由此可见，清至民国时期建筑修建时依据第一级台地东部向北折的地形，其轴线已由早期的东西向改变为西南—东北向，如果依循东西向轴线，远望景致只能是西湖南岸湖山之风光。

图7-4　南高峰荣国寺的山门
（詹森摄，丹麦哥本哈根皇家图书馆善本室藏）

## 第四节　关于舍利瘗埋形式的讨论

僧了心《重建塔记》载南高峰塔建塔之时，梵僧"乃探毳囊，出舍利一……作窣堵波以福来者"[1]，即南高峰塔应有舍利奉安，但此次考古工作在塔基下并未发现瘗埋舍利的地宫。截至目前，考古发掘清理过的五代吴越国时期佛塔遗存屈指可数，主要有苏州云岩寺塔（959~961年）[2]、东阳中兴寺塔（960~961年）[3]、杭州雷峰塔（972~977年）[4]、黄岩灵石寺塔（965~998年）[5]等，数量虽不多，仍具有一定的代表性（表7-1）。根据考古材料，这几座佛塔遗存在塔基下设地宫的只有雷峰塔，因而南高峰塔不置地宫并非特例，也充分说明吴越国时期的佛塔尚未形成于塔基设地宫瘗埋舍利的定式。

---

〔1〕　（宋）潜说友：《咸淳临安志》卷八十二《寺观八·佛塔》，浙江古籍出版社，第3003页。
〔2〕　苏州市文物管理委员会：《苏州虎丘云岩寺塔发现文物内容简报》，《文物参考资料》1957年第11期，第38~45页。"至于塔底，挖到2.25米深处仍未发现地宫。"见张颖：《苏州云岩寺塔的形制及样式研究》，东南大学硕士学位论文，第16页。
〔3〕　李祝尧、金锵：《中兴寺若干问题探究》，《东方博物》第二十辑，第6~17页。
〔4〕　浙江省文物考古研究所：《雷峰塔遗址》，文物出版社，2005年。
〔5〕　台州地区文管会、黄岩市博物馆：《浙江黄岩灵石寺塔文物清理报告》，《东南文化》1991年第5期，第242~283页。

表 7 - 1　吴越国时期现存佛塔统计表

| 名称 | 年代 | 地理位置 | 保护状况 |
|---|---|---|---|
| 功臣塔 | 915 年 | 浙江省杭州市临安区功臣山 | 全国重点文物保护单位 |
| 南高峰塔 | 936～944 年 | 浙江省杭州市西湖区南高峰 | 仅存塔基 |
| 栖真寺五佛塔 | 951～953 年 | 浙江省温州市平阳县栖真寺 | 全国重点文物保护单位 |
| 双林铁塔 | 952 年 | 浙江省金华市义乌市佛堂镇 | 省级文物保护单位 |
| 保俶塔 | 954～959 年 | 浙江省杭州市西湖区宝石山 | 全国重点文物保护单位 |
| 闸口白塔 | 957 年 | 浙江省杭州市上城区复兴路白塔岭 | 全国重点文物保护单位 |
| 云岩寺塔 | 959～961 年 | 江苏省苏州市姑苏区虎丘山 | 全国重点文物保护单位 |
| 灵隐寺双塔 | 960 年 | 浙江省杭州市西湖区灵隐寺内 | 全国重点文物保护单位 |
| 瑞隆感应塔 | 963 年 | 浙江省台州市黄岩市九峰山 | 全国重点文物保护单位 |
| 宝胜寺双塔 | 965 年 | 浙江省温州市平阳县宝胜寺 | 省级文物保护单位 |
| 灵石寺西塔 | 965～998 年 | 浙江省台州市黄岩区北洋镇灵石山 | 县级文物保护单位 |
| 飞英塔外塔 | 968～976 年 | 浙江省湖州市吴兴区塔下街 | 全国重点文物保护单位 |
| 瑞安东塔 | 969 年 | 浙江省温州市瑞安市安阳镇 | 省级文物保护单位 |
| 六和塔 | 970 年始建，南宋重建 | 浙江省杭州市西湖区月轮山 | 全国重点文物保护单位 |
| 安乐塔 | 971 年始建，明代重建 | 浙江省杭州市余杭区安乐山 | 省级文物保护单位 |
| 雷峰塔 | 972～977 年 | 浙江省杭州市西湖区夕照山 | 省级文物保护单位 |
| 龙华寺塔 | 977 年 | 上海市徐汇区龙华路 | 全国重点文物保护单位 |
| 楞伽寺塔 | 978 年 | 江苏省苏州市虎丘区上方山 | 省级文物保护单位 |
| 灵芝塔 | 吴越国时期 | 浙江省湖州市安吉县递铺镇南山 | 省级文物保护单位 |
| 南翔寺双塔 | 吴越国末期 | 上海市嘉定区南翔镇 | 市级文物保护单位 |

　　舍利除地宫瘗埋之外，还存在大量天宫瘗埋形式。目前发现的最早实例是山东济南神通寺塔建于隋代大业七年（611 年）的天宫[1]，隋代以降的佛塔也多见以天宫作为安置舍利的场所。上述吴越国佛塔遗存中，明确在塔身发现天宫的有苏州云岩寺塔与黄岩灵石寺塔，前者塔身第二、三、四层均筑有天宫，后者七级塔身每层皆设天宫，上下共有 16 个；东阳中兴寺塔与杭州雷峰塔早年倒塌，塔身是否设有天宫不明，但倒塌堆积中出土有阿育王塔、佛教造像等遗物。阿育王塔是吴越国王钱弘俶依照阿育王建造八万四千塔的传说而制作，用于藏舍利或佛经，是吴越国晚期最主要的舍利容器。在瘗埋舍利的同时常常会将佛教造像、法器、珍宝等作为供养品一起装藏。既然在塔身倒塌堆积中清理出土了舍利容器与供养品，那么我们完全可以推断东阳中兴寺塔与杭州雷峰塔也在塔身部位设置有天宫。这一现象雷峰塔的发掘者亦已注意，在 2005 年出版的《雷峰塔遗址》考古报告中尚未见关于天宫的描述，但近年

---

〔1〕　刘继文：《济南神通寺》，山东友谊出版社，2009 年。

来的著文中已明确其中一件银阿育王塔出土于遗址"废墟顶部原天宫位置"[1]。

　　新中国成立后对浙江境内的吴越国佛塔进行拆除、维修时，也多发现在塔身设天宫瘗埋舍利的形式，如桐乡崇福寺塔（吴越国时期）塔顶设有天宫，祇园寺双石塔（958年）塔顶设天宫[2]，湖州飞英塔（968～976年）第二层设天宫[3]，安吉灵芝塔（吴越国时期）第八层至第九层束腰部设天宫[4]。如文献记载南高峰塔奉安舍利确凿可信的话，既然该塔没有建造地宫，那就不排除舍利瘗埋于天宫的可能性。

　　综上所述，五代吴越国时期的佛塔不仅承继了隋唐时期的天宫制度，而且天宫成为舍利瘗埋的一种重要方式，甚至较地宫瘗理舍利形式更加流行。由此可见，隋唐时期中原地区形成的塔基下建地宫瘗埋舍利的制度对吴越国的影响并不大，仅在由皇室参与的建塔活动中采用，如吴越国王钱弘俶主持修建的雷峰塔，为奉安"佛螺髻发"于塔基下建有竖穴式地宫。而广大的吴越国民众似乎更愿意采用天宫瘗埋舍利的方式，这成为偏安江南的吴越国舍利瘗埋形式的一大地域性特点。

〔1〕 黎毓馨：《雷峰塔天宫出土的银阿育王塔——兼谈吴越国王钱（弘）俶造八万四千宝塔与藏经》，浙江省博物馆：《地涌天宝：雷峰塔及唐宋佛教遗珍特展》，中国文化艺术出版社，2010年，第7页。

〔2〕 施加农：《历经坎坷三度面世——萧山祇园寺舍利铜塔记》，《中国文物报》1998年11月副刊。

〔3〕 湖州市飞英塔文物保管所：《湖州飞英塔发现一批壁藏五代文物》，《文物》1994年第2期，第55页、56页。

〔4〕 周意群：《安吉五代灵芝塔》，《东方博物》第五十三辑，第1～10页。

# 附录一　南高峰塔及塔院文献资料辑录[1]

## 孙　媛

（杭州市文物考古研究所）

### 1.《淳祐临安志》[2]

卷八·城西诸山

　　南高峰　在南山石坞烟霞山后。高崖峭壁，怪石尤多。北望晴烟，江湖接目。峰下出寒石，山中人竞采之，捣为齿药。上有砖塔，高可十丈。相传云天福中建。崇宁二年，仁王寺僧修懿重修。

　　杨蟠诗云：日气层层秀，连山万丈孤。崔嵬天上影，一半入江湖。

　　郭祥正诗云：岌岌穿南斗，层层瞰下方。揭名湖海顶，半夜挂朝阳。

　　曹辈《登南山塔诗》云：平生登塔与登楼，乱尽乡心送尽愁。试上南山山下塔，依前怀古复悲秋。

### 2.《咸淳临安志》[3]

卷七十三·志（五十八）·祠祀三·外郡行祠

　　灵顺庙　即婺源五显神祠，于近郊者凡七。

　　一在南高峰顶荣国寺。岁久颓弊。景定间，太傅平章贾魏公捐赀葺而新之。咸淳六年，安抚潜说友即庙后拓地创华光楼。旁为射亭，为角觝台。又辟山径而夷之，以便登陟。是岁，都人瓣香致敬者咸趋焉。

---

〔1〕　本文所辑录资料部分未经点校，为便于阅读，标点为整理者根据个人理解添加。

〔2〕　（宋）施谔：《淳祐临安志》：江苏古籍出版社，1988年，第183页、184页。

〔3〕　（宋）潜说友撰、（清）汪远孙校补：《咸淳临安志》，台湾成文出版社，1970年，第703页、754页、812~813页。

## 卷七十八·志（六十三）·寺观四·寺院（城外二）

南高峰荣国寺　天福间建，元系塔院。奉白龙王祠。宝祐五年，福王捐施重修，请富阳废寺额。咸淳六年，安抚潜说友创造华光宝阁。门庑斋堂亭台等屋一切整备，且拓径以便登陟。又买官田二百亩为僧供。有五显祠。

## 卷八十二·志（六十七）·寺观八·佛塔

南高峰塔　天福中建，高可十丈。崇宁二年，僧修懿重修。乾道五年，僧义圆重建。
记文
僧了心《重建塔记》：住南高峰道人义圆，一日疏其修建大略。来东城退居求拙者，语以识之，老子曰：噫，予方掩关却扫，默据团蒲，体乎明静，如冬枯木，如古涧水，口边白醭久矣。子不惮，时流所忌，将芜污先佛之塔庙也。耶止止。越三数月，圆又来叩请弥笃。老子从容合十指爪掌曰：诺，愿从事于斯矣。翌日，与二士夫过西关入石坞，由烟霞岭得支径，徜徉而上。松篁葱蒨，羊肠颉屈，行杳霭，闲脚膝疲甚，遂解衣分块石而坐，取枣栗相劳。既而努策藤枝，获小平旷。仰视云根，秀拔天骨。清臞玉立，危层巉巉千仞，吾人骇目动心，疑将厌焉。圆倒屣迎笑，如慰如慕者也。老子乃肃仪野次，拜手稽首，献文字供以塞其望，曰：闻如是，晋天福中，有梵僧飞锡至虎林。因睥睨南峰最高顶，曰于斯可以立大觉真人之表相些。乃探橐囊，出舍利一颗。傍假比丘尼道圆疏助之力，作窣堵波以福来者。我圣世至道二年，邦人朱氏泉，崇宁癸未，仁王僧修懿，两尝葺补尔。后跨涉星霜，日就朽故。绍兴二十有一祀，石屋宗妙师具笺疏挽今圆道人者居之。圆器识周通，历练勤苦，志在再新榱栱，壮观两山。于是乎，切柏为香，钩帘借月，入法性三摩提。理事圆修，克念神祷致大居士刘侯伉，以青铜钱五百万而成就之。今檐楹飞涌，瓦甍坚致，耽耽殖殖，众所悦可。龛室之内，绘佛菩萨像合二十有四，尊严雍肃，仰止如生。卫以天龙部属十六善神。至于案几器用，罔不备举。每巡檐张灯，或冥冥雨夜，海商山客以此为司南者也。四厢辟轩窗，以备游览。东瞰平芜，烟消日出，尽湖山之观；南俯大江，涛洞洄洑，舟楫隐见，指渔浦萧然，物色如画；西接岩窦，怪石翔舞，洞穴邃密，畴昔纷扰之际，脱虎口隐于是者，活二十余人。其侧有应真瑞像一坛，状貌奇古，若鬼工天成。北瞩陵阜，坡陀曼延，箭栝丛出，麦齄连云，先是，土窍中栖神蜽，圆至不复见矣。山椒巨石，屹如峨冠，目之曰先照坛。度孙公琦访求香干，悬以缯幡，竖精蓝标帜，复相其下上，累石梯山，乃便于步武者也。信士周公绍能鼓辅为千石钟，举以重阁，昏晓挝之，盖警诸昧昧者也。是中或雄杰伟丽，岌岌崇崇，成象于斗牛之间；或春蚓秋蛇，夭矫于晴岚晓霞之际；或铿金戞玉声，闻于湖渚江皋之上。

此皆圆道人置力不懈，而大居士、二檀信毅然而勇施者也。

题咏

杨蟠诗云：石气层层秀，连山万丈孤。崔嵬天上影，一半入江湖。

郭祥正诗云：岌岌穿南斗，层层瞰下方。揭名湖海顶，半夜挂朝阳。

曹辈《登南山塔》诗云：平生登塔与登楼，乱尽乡心送尽愁，试上南山山下塔，依前怀古复悲秋。

## 3.《梦粱录》[1]
### 卷十四·外郡行祠

灵顺庙，即徽州婺源灵祠，余杭立行祠者七：一在南高峰顶荣国寺，有华光楼，旁为射亭，有角台，又辟山径而夷之，以便登陟。

### 卷十五·僧塔寺塔

其僧寺塔者，如六和慈恩开化寺曰六和塔，荣国寺曰南高峰塔……

## 4.《武林旧事》[2]
### 卷五·湖山胜概

南高峰塔　荣国寺。有白龙王祠及五显祠。险峻甚于北峰，中有坠石，相传云：昔有道者镇魔于此。又有颍川泉。

## 5.《西湖百咏》[3]
### 卷下·南高峰塔

在烟霞山顶，天福中建崇宁中，僧修懿修。乾道中，道者义圆重建。淳祐中，赐荣国院额。塔后有石穴，祈雨尝验。草庵在张帝殿下。塔西有舍身台石。

谁舍尘身石漫巅，浮屠突兀拂霄躔。方隅端拱明离位，梯级高营石晋年。土穴有龙嘘重雾，草庵无衲坐空禅。虚危直视烟霞路，镗鞳风铃到处传。

碧嶂高侵碧汉巅，岩峣疑逼斗牛躔。山中衲子宁愁老，峰顶浮屠不记年。危磴雨晴

〔1〕（宋）吴自牧：《梦粱录》，商务印书馆，1939年，第二册，第128页、136页。

〔2〕（宋）四水潜夫：《武林旧事》，浙江人民出版社，1984年，第71页。

〔3〕（宋）董嗣杲：《西湖百咏》，张智主编：《西湖百咏·西湖竹枝集·武林新年杂咏·西溪百咏》，扬州广陵书社，2003年，第97页、98页。

难著屐，深岩月照称栖禅。游人初到西湖者，欲倩丹青作画传。

## 6.《重建南高峰塔记》[1]

卷四三四七·重建南高峰塔记

了心，高宗、孝宗时僧人。

住南高峰塔道人义圆，一日疏其修建大略，来东城退居求拙者语以识之，老子曰："噫，予方掩关却扫，默据团蒲，体平明静，如冬枯木，如古涧水，口边白醭久矣。子不悍时流所忌，将芜污先佛之塔庙也耶？止止！"越三数月，圆又来，叩请弥笃。老子从容合十指爪掌曰："诺，愿从事于斯矣。"翌日，与二士夫过西关，入石坞，由烟霞岭得支径，徜徉而上。松篁葱蒨，羊肠颉屈，行杳霭闲，脚膝疲甚，遂解衣分块石而坐，取枣栗相劳。既而努策藤枝，获小平旷，仰视云根秀拔，天骨清臞玉立，危层巉巉千仞，吾人骇目动心，疑将厌焉。圆倒屣迎笑，如慰如慕者也。老子乃肃仪野次，拜手稽首，献文字供以塞其望曰：闻如是晋天福中有梵僧飞锡至虎林，因睥睨南峰最高顶，曰："于斯可以立大觉真人之表相些。"乃探橐囊，出舍利一颗，傍假比丘尼道圆疏助之力，作窣堵波以福来者。我圣世至道二年邦人朱氏泉、崇宁癸未仁王僧修懿，两尝葺补尔。后跨涉星霜，日就朽故。绍兴二十有一祀，石屋宗妙师具笺疏挽今圆道人者居之。圆器识周通，历练勤苦，志在再新榱栱，壮观两山。于是乎切柏为香，钩帘借月，入法性三摩提。理事圆修，克念神祷致大，居士刘侯优以青铜钱五百万而成就之。今檐楹飞涌，瓦甓坚致，耽耽殖殖，众所悦可。龛室之内，绘佛、菩萨像合二十有四，尊严雍肃，仰止如生。卫以天龙部属，十六善神。至于案几器用，罔不备举。每巡檐张灯，或冥冥雨夜，海商山客，以此为司南者也。四厢辟轩窗，以备游览。东瞰平芜，烟消日出，尽湖山之观。南俯大江，涛洞洄洑，舟楫隐见，指渔浦萧然，物色如画。西接岩窦，怪石翔舞，洞穴邃密。畴昔纷扰之际，脱虎口隐于是者，活二十余人。其侧有应真瑞像一坛，状貌奇古，若鬼工天成。北瞩陵阜，坡陀曼延，箭栉丛出，麦麰连云。先是，土窍中栖神蜩，圆至不复见矣。山椒巨石，屹如峨冠，目之曰先照坛。度孙公琦访求香干，悬以缯幡，竖精蓝标帜，复相其下上，累石梯山，乃便于步武者也。信士周公绍能鼓鞴为千石钟，举以重阁，昏晓挝之，盖警诸昧昧者也。是中或雄杰伟丽，岌岌嶪嶪，成象于斗牛之间；或春蚓秋蛇，夭矫于晴岚晓霞之际；或铿金戛玉，声闻于湖渚江皋之上。此皆圆道人置力不懈，而大居士、二檀信毅然而勇施者也。

〔1〕（宋）释了心：《重建南高峰塔记》，《全宋文》，上海辞书出版社、安徽教育出版社，2006年，第一九七册，第43~45页。

## 7. 《西湖游览志》[1]
卷三·南山胜迹

　　（南）高峰在南北诸山之界，羊肠诘屈，松篁葱倩，非芒鞋布袜，努策筇杖，不可陟也。塔居峰顶，晋天福间建，宋崇宁、乾道两度崇修。元季毁。旧七级，今存五级，塔中四望，则东瞰平芜，烟消日出，尽湖山之景。南俯大江，波涛洄洑，舟楫隐见杳霭间。西接岩窦，怪石翔舞，洞穴邃密，其侧存瑞应像，巧若鬼工。北瞩陵阜，陂陁曼衍，箭栝丛出，麰麦连云。山椒巨石，屹如峩冠者，名先照坛，相传道者镇魔之所。峰顶有钵盂潭、颍川泉，大旱不涸，大雨不盈，潭侧有白龙洞、龙王祠，今废。

　　荣国禅寺，即塔院也。宋宝祐五年，福王与芮建，咸淳六年，安抚潜说友创华光阁、五显祠，又拓径以便登陟。今寺废，而五显祠尚存。

## 8. 《西湖志类钞》[2]
卷之中·峰之类

　　南高峰　南高峰在南北诸山之界，羊肠诘屈，松篁葱茜，非芒鞋布袜、努策筇杖不可陟也。塔居峰顶，晋天福间建，宋崇宁、乾道两度崇修，元季毁。旧七级，今存五级。塔中四望，则东辙平芜，烟消日出，尽湖山之景；南眺大江，波涛洄洑，舟楫隐见杳霭间；西接岩窦，怪石翔舞，洞穴邃密，其侧有瑞应像，巧若鬼工；北瞩陵阜，陂陁曼衍，箭栝丝出，麰麦连云。山椒巨石屹如峩冠者，名先照坛，相传道者镇魔之所。峰顶有钵盂潭、颍川泉，大旱不涸，大雨不盈。潭侧有白龙洞。

## 9. 《钱塘县志》[3]
纪胜·山水一

　　南高峰溯九曜而北五里许，与北高对。俯江面湖，上有荣国寺、先照坛，有浮屠五级。有潭曰钵盂，有泉曰颍川，有洞曰白龙、曰天池、曰千人、曰无门。有降魔石。

纪制·寺观

　　荣国寺　即南高峰塔院。晋天福间建。内有白龙洞、钵盂潭、颍川泉。《田汝成诗》：

〔1〕（明）田汝成：《西湖游览志》，浙江人民出版社，1980年，第38页、39页。

〔2〕（明）俞思冲纂，（明）俞时驾、朱祖修校订，童正伦标点：《西湖志类钞》，王国平主编：《西湖文献集成》，杭州出版社，2004年，第3册，第740页。

〔3〕《钱塘县志》，台湾成文出版社，1975年，第117页、118页、328页。

飞塔中天起，清秋骋望来。凭阑湖月近，倚仗海云回。窈窕千峰合，舟青万树开。犹怜双足健，无日不登台。

## 10.《武林梵志》[1]

### 卷三·城外南山分脉

荣国禅寺　即南高峰塔院。宋宝祐五年，福王与芮建。咸淳六年，安抚潜说友创华光阁、五显祠。峰在南北诸山之界。塔旧址居峰顶，晋天福间建，宋崇宁、乾道两度重修。元季毁七级为五级。嘉、隆间，有戎帅某惑青乌家言，赂僧移塔于前，塔顶不及上而罢。今塔渐圮而寺亦衰。万历壬子六月二十四日申刻，震雷绕击，砖石俱碎。识者言会城关系，亟宜恢复，俟机缘到，则旧址及铁顶现存也。田艺衡称塔中四望：东瞰平芜，烟消日出，尽山之景；南眺大江，波涛洄洑，舟楫隐见杳霭间；西接岩窦，怪石翔舞，洞穴邃密，其侧有瑞应像，巧若鬼工；北瞩陵阜，陂陀曼衍，箭栝丛出，麰麦连云，山椒巨石屹如峨冠者，名光照坛，相传道者镇魔之所，顶有钵盂潭、白龙洞。语若写照云。

## 11.《西湖梦寻》[2]

### 卷四·西湖南路

南高峰　南高峰在南北诸山之界，羊肠佶屈，松篁葱蒨，非芒鞋布袜，努策支筇，不可陟也。塔居峰顶，晋天福间建，崇宁、乾道，两度重修，元季毁。旧七级，今存三级。塔中四望，则东瞰平芜，烟销日出，尽湖中之景。南俯大江，波涛洄洑，舟楫隐见杳霭间。西接岩窦，怪石翔舞，洞穴邃密。其侧有瑞应像，巧若鬼工。北瞩陵阜，陂陁曼延，箭栝丛出，麰麦连云。山椒巨石，屹如峨冠者，名先照坛，相传道者镇魔处。峰顶有钵盂潭、颖川泉，大旱不涸，大雨不盈，潭侧有白龙洞。

道隐《南高峰》诗：南北高峰两郁葱，朝朝瀺灂海烟封。极巅螺髻飞云栈，半岭峨冠怪石供。三级浮屠巢老鹳，一泓清水蓁痴龙。倘思济胜烦携具，布袜芒鞋策短筇。

## 12.《西湖志》[3]

### 卷五·山水一

南高峰　《西湖游览志》：在南北诸山之界，羊肠诘屈，松篁葱蒨。非芒鞋筇杖不可

〔1〕（明）吴之鲸：《武林梵志》，赵一新主编：《杭州佛教文献丛刊》，杭州出版社，2006年，第58页、59页。
〔2〕（明）张岱：《西湖梦寻》，中华书局，2007年，第194页、195页。
〔3〕（清）李卫等修，傅王露等纂：《西湖志》，台湾成文出版社，1970年，第437页、857～859页。

陟也。《钱塘县志》：与北高峰对峙。高一千六百丈。揽长江若带，俯平湖如杯。山椒有巨石，名先照坛，日月始升，得景独先。又名镇魔石。上有塔。晋天福中建，今下级尚存。侧有瑞应像。不假雕凿，巧若神工。塔下有小龙井。

## 卷十·寺观一

荣国禅寺　在南高峰，久圮。《咸淳临安志》：天福间建，元系塔院。奉白龙王祠。宝祐五年，福王捐施重修，请富阳废寺额。咸淳六年，安抚潜说友创造华光宝阁，且拓径以便登陟。又有五显祠。《西湖游览志》：今寺废而祠尚存。

南高峰塔　在南高峰。《咸淳临安志》：天福中建，高可十丈。崇宁二年，僧修懿重修。乾道五年，僧义圆重建。《西湖游览志》：元季毁，旧七级，今存五级。僧了心《重建塔记》：住南高峰道人义圆，一日疏其修建大略。来东城退居求拙者，语以识之，乃肃衣拜手，献文字供以塞其望，曰：闻如是，晋天福中，有梵僧飞锡至虎林。因睥睨南峰最高顶，曰：于斯可以立大觉真人之表相。乃探毳囊，出舍利一颗。傍假比丘尼道圆疏助之力，作窣堵波以福来者。我圣世至道二年，邦人朱氏泉，崇宁癸未，仁王僧修懿，两尝葺补尔。后跨涉星霜，日就朽故。绍兴二十有一祀，石屋宗妙师具笺疏挽今圆道人者居之。圆志在再新榱栋，壮观两山。克念神祷致大居士刘侯伉，以青铜钱五百万成就之。今檐楹飞涌，瓦甓坚致。龛室之内，绘佛菩萨像合二十有四尊，卫以天龙部属十六善神。至于案几器用，罔不备举。每巡檐张灯，或冥冥雨夜，海商山客以此为司南者也。四厢辟窗，以备游览。东瞰平芜，烟消日出，尽湖山之观。南俯大江，涛洞洄洑，舟楫隐见，指渔浦萧然，物色如画。西接岩窦，怪石翔舞，洞穴邃密，畴昔纷扰之际，隐于是者，活二千余人。侧有应真瑞像一坛，状貌奇古，若鬼工天成。北瞩陵阜，坡陀曼延，箭栉丛出，麦薿连云。山椒巨石，屹如峨冠。目之曰先照坛。度孙公琦访求香干，悬以缯幡，竖精蓝标帜，复相其下上，叠石梯山，乃便于步武。信士周公绍能鼓鞴为千石钟，举以重阁，昏晓挝之。是中或雄杰伟丽，岌岌嶪嶪，成象于斗牛之间；或春蚓秋蛇，夭矫于晴岚晓霞之际；或铿金戛玉声，闻于湖渚江皋之上。此皆圆道人置力不懈，而大居士二檀信毅然勇施者也。

## 13. 《西湖志纂》[1]
### 卷四·南山胜迹

南高峰　在南北诸山之界。《钱塘县志》：与北高峰对峙，高一千六百丈，揽长江若

---

[1]　（清）梁诗正、沈德潜等：《西湖志纂》，台湾文海出版社，1971年，第305页。

带，俯平湖如杯。山椒有巨石，名"先照坛"，日月始升，得景独先。又名"镇魔石"，上有塔，晋天福中建，今下级尚存。侧有瑞应像，不假雕凿，巧若神工，塔下有小龙井。

## 14.《民国杭州府志》[1]
卷三十五·寺观二

荣国禅寺　在南高峰（《西湖志》）。晋天福中建，元系塔院，奉白龙王祠（《咸淳志》）。寺后有白龙洞，宋宝祐间重建，景定间贾似道改额灵顺庙。咸淳五年，潜说友创华光楼、射亭、角觚台（《湖山便览》）。久圮（《西湖志》）。

附南高峰塔　在南高峰（《西湖志》）。晋天福中建。高可十丈。宋崇宁二年重修，乾道五年重建（《咸淳志》）。元季毁，旧七级今存五级（《西湖游览志》）。久废，略具基址（新纂）。

## 15.《杭州南高峰荣国禅寺重修宝塔疏》[2]
卷一·论疏

杭州南高峰荣国禅寺重修宝塔疏

（代住持振机作）

大觉世尊，愍诸众生，迷本妙心，轮回生死，示生世间，成等正觉，随众生根．为说妙法，普令有情，悉获利乐。及至一期事毕，示现灭度。又以悲心无尽，特碎全身为八斛四斗舍利，分布天上人间，以为未来众生灭罪植福。出离轮回，度脱生死，直至成佛之无上第一不可思议因缘。由是凡有得佛舍利者，无不高建宝塔，藏于其中，普令自他幽显，同消宿业，同种善根也。

南高峰者，省会之名山，浙江之巨镇。自下至顶，高一千六百余丈。登巅远望，长江若带，西湖如杯，极湖山之胜概，豁达士之胸怀。与北高峰对峙，相去十余里，层峦叠嶂，蜿蜒盘结。山势既峻，能兴云雨故，其上多奇云。山峰高出云表，时露双尖，望之如插，因目之为双峰插云，为西湖十景之一。

五代石晋天福间，浙江时属吴越。有梵僧自西竺来。登南高峰之巅，见其远望无极。遂欣然曰："于斯可以立大觉世尊之表相，令四远望者，同种善根。"因出舍利一颗，托有德望僧道圆禀吴越国主文穆王为建宝塔。高七层，通计十丈。其规模制度，精妙绝伦。

〔1〕　龚嘉儁修、李榕纂：《民国杭州府志》，《中国地方志集成·浙江府县志辑①》，江苏古籍出版社、上海书店出版社、巴蜀书社，2011年，第783页。

〔2〕　印光大师：《杭州南高峰荣国禅寺重修宝塔疏》，《印光大师文汇》，华夏出版社，2012年，第51页、52页。

于下建寺一所，名为荣国。以如来舍利来仪，为国荣庆故也。

历汉、周、宋、元、明、清，以迄于今，年满一千，其间革故鼎新，已非一次。现今宝塔崩坏，止存一级。寺院倾颓殆尽，破屋数间，不蔽风雨。前住僧人，不堪其苦，遂即舍去。机近方接住，奉侍香火。窃念前人建塔原为国民植福，今已崩坏将尽，忍令古迹泯灭，损西湖之胜景，荒众生之福田乎。触目伤心，不遑安处，拟欲即兴工作，揭底重修。又以前人造法，难以经久，今不得不深虑而预防之。

缅维古人建塔，原为藏如来之舍利，令其远而望者，近而礼者，悉种善根，同得解脱。至其塔中设道，屈曲宛转，从下渐升，以至厥顶，四面开窗，以瞻四方。无非欲令众生了知欲获佛果必须脚踏实地，断恶修善，从凡至圣，渐次增进。既能身登上地，自可永断凡情。由兹彻见真空，何难直证妙觉。然由中空，致不坚久。又无知之人不知古人之用意处，每以登高望远为事。则亵慢实深，获罪非浅。今拟中不设道，通做实心，中竖铁柱，以为刚骨，一免烈风地震之摧残，一免游戏登临之罪咎，则唯得其益，不受其损，当为佛天所允许，善信所赞成也。但以工程浩大，非三万余圆，不克成办，因恭绘塔图，谨述愚诚，恳祈十方檀越，感佛恩德，发菩提心，打开宝藏，培植福田。俾巍巍宝塔，复峙云中；穰穰众生，重瞻法相，灭过去之罪业，种未来之善根。将见佛天云护，灾障冰消，身心安泰，家门迪吉，前程随心地以远大，定获富寿康宁之征；余庆偕厚德以无疆，永膺簪缨爵位之福矣。

## 16. 《说杭州》[1]
第十四章《说古迹》，第二节《五代吴越之古迹》

南高峰塔　据《咸淳志》，塔建于石晋天福中，凡七级，高可十丈。元代塔圮，至清初犹存三级。民国初，塔基高二丈许尚在。塔下有小龙井。塔基旁出寒水石，土人采之，谓可治齿疾。又有瑞应像在塔基旁石壁间，不假雕琢，巧若神工。

---

〔1〕 钟毓龙编著，钟肇恒增补：《说杭州》，王国平主编：《西湖文献集成》，杭州出版社，2004年，第11册，第772页。

# 附录二　南高峰荣国寺塔及塔院形制研究

陈　易　韩冰焱

（浙江省古建筑设计研究所）

## 一　缘起

"双峰插云"是"西湖十景"之一。南宋时南高峰、北高峰峰顶各有塔一座，每逢云雾低横之日，自西湖西望，群峰隐晦而塔尖分明，因此得"两峰插云"景名（图1）。清时峰顶古塔皆毁废，康熙三十八年（1699年）皇帝南巡杭州御题景名，改"两峰"为"双峰"，并在洪春桥旁建观景亭和御碑亭。

（南宋）叶肖岩《两峰插云》　　　　　　（明）宋懋晋《两峰》

图1　古画中的"两峰插云"
（引自杭州西湖博物馆：《历代西湖书画集》，杭州出版社）

2017 年 1 ~ 6 月，杭州市文物考古研究所对南高峰峰顶区域进行了考古发掘，发掘面积约1100 平方米，发现南高峰塔塔基、道路、建筑基址等遗迹，出土少量瓦当、滴水、塔砖等建筑构件（图2）。由此对南高峰塔的研究才得以把实物与文献进行类比，使我们可以管窥南高峰塔及塔院的样貌。

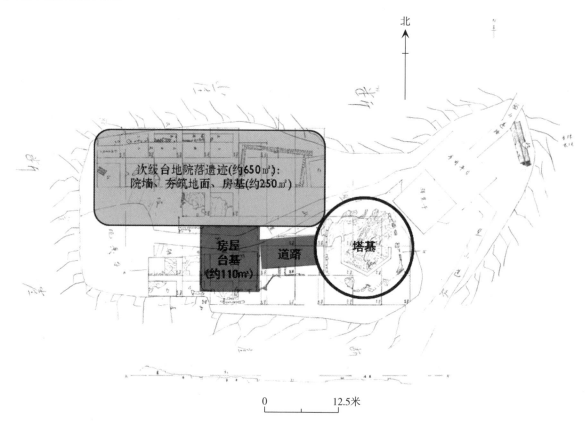

图 2　南高峰顶考古发掘总平面图
（杭州市文物考古研究所提供）

## 二　文献研究[1]

杭州的志书，目前保留最早的是"临安三志"，即南宋乾道、淳祐、咸淳年间先后三次纂修的《临安志》。南高峰塔的记载最早见于《淳祐临安志》南高峰条："南高峰，在南山石坞烟霞山后，高崖峭壁，怪石尤多。北望晴烟，江湖接目。峰下出寒水石，山中人竟采之，捣为齿药。上有砖塔，高可十丈，相传云天福中建。崇宁二年，仁王寺僧修懿重修。"其后录诗三首，其中杨蟠作："日气层层秀，连山万丈孤。崔嵬天上影，一半入江湖"。其后的《咸淳临安志》记载："天福中建，高可十丈。崇宁二年，僧修懿重修。乾道五年，僧义圆重建。"后录有僧了心《重建塔记》一篇：

---

〔1〕　本文所引文献资料由杭州市文物考古研究所提供，原文未经点校，为方便阅读，标点为作者根据个人理解添加。

住南高峰塔道人义圆，一日疏其修建大略，来东城退居，求拙者语以识之，老子曰：噫，予方掩关却扫，默据团蒲，体平明静，如冬枯木，如古涧水，口边白醭久矣。子不惮时流所忌，将芜污先佛之塔庙也耶，止。止越三数月，圆又来叩请，弥笃，老子从容合十，指爪掌曰：诺，愿从事于斯矣。翌日，与二士夫过西关，入石坞，由烟霞岭得支径，徜徉而上。松篁葱蒨，羊肠颉屈，行杏霭闲，脚膝疲甚，遂解衣分块石而坐，取枣栗相劳。既而努策藤枝，获小平旷。仰视云根秀拔，天骨清癯，玉立危层，巉巉千仞，吾人骇目动心，疑将厌焉。圆倒屣迎笑，如慰如慕者也。老子乃肃仪野次，拜手稽首，献文字供以塞其望。曰：闻如是，晋天福中有梵僧飞锡至虎林，因睥睨南峰最高顶，曰：于斯，可以立大觉真人之表相些。乃探毳囊，出舍利一颗。傍假比丘尼道圆疏助之力，作窣堵波以福来者。我圣世至道二年邦人朱氏泉、崇宁癸未仁王僧修懿，两尝葺补。尔后跨涉星霜，日就朽故。绍兴二十有一，祀石屋，宗妙师具笺疏挽。今圆道人者居之。圆器识周通，历练勤苦，志在再新榱桷，壮观两山。于是乎，切柏为香，钩帘借月，入法性三摩。提理事圆修，克念神祷致。大居士刘侯伉以青铜钱五百万而成就之。今檐楹飞涌，瓦甃坚致，耽耽殖殖，众所悦可。龛室之内，绘佛、菩萨像合二十有四，尊严雍肃，仰止如生。卫以天龙部属十六善神。至于案几器用，罔不备举。每巡檐张灯，或冥冥雨夜，海商山客以此为司南者也。四厢辟轩窗，以备游览。东瞰平芜，烟消日出，尽湖山之观；南俯大江，涛洞洄洑，舟楫隐见，指渔浦萧然，物色如画；西接岩窦，怪石翔舞，洞穴邃密，畴昔纷扰之际，脱虎口隐于是者，活二十余人，其侧有应真瑞像一坛，状貌奇古，若鬼工天成；北瞩陵阜，坡陀曼延，箭栝丛出，麦麰连云。先是，土窍中栖神蝻，圆至不复见矣。山椒巨石，屹如峨冠，目之曰先照坛。度孙公琦访求香干，悬以缯幡，竖精蓝标帜，复相其下，上累石梯，山乃便于步武者也。信士周公绍能鼓鞴为千石钟，举以重阁，昏晓挝之，盖警诸昧昧者也。是中或雄杰伟丽，炎炎業業，成象于斗牛之间；或春蚓秋蛇，夭矫于晴岚晓霞之际；或铿金戛玉，声闻于湖渚江皋之上。此皆圆道人置力不懈，而大居士二檀信毅然而勇施者也。

这篇记文提供了几层信息，从"住南高峰塔道人义圆"到"献文字供以塞其望"写义圆到了心处求文的经历及了心上山路途所见；从"曰：闻如是"到"克念伸祷致"写天福中梵僧筑塔及其后的两次修缮；从"大居士刘侯伉以青铜钱五百万而成就之"到结尾写义圆发心重修塔的经过，及三位大施主刘伉、孙琦、周绍的贡献（一位修塔，一位修路，一位铸钟）。这篇记文是历史资料中关于南高峰塔最为丰富的记述。

但若以复建南高峰塔为目的来研究，这些文献其实并没有提供多少依据。塔的空间尺度、外形与设计、材料与实体等信息都不明确，唯一的尺度要素"十丈"，也不清楚到底是虚指还是实指，即便是实指十丈，也难以确定这个高度是到塔檐还是到塔刹。

与建筑相关的描述还有"檐楹飞涌，瓦甓坚致"，说明有外檐；"巡檐张灯"，说明是木外檐的可能性较大；"龛室之内，绘佛菩萨像合二十有四"，说明塔壁有龛，共二十四个；"四厢辟轩窗，以备游览"，说明不能走到塔的外檐平座；"鼓鞴千石钟，举以重阁"，说明塔旁边有一座二层的钟楼或阁。

明代文献中有关于塔身层数的记载，如《武林梵志》记载元末"毁七级为五级"，明末《西湖梦寻》记载"今存三级"。此外《武林梵志》记载"旧址及铁顶现存也"，可见当时塔刹尚在。其余的记述大都是对早期文献的引用。

综上所述，历史文献的考据仅能提供极少的信息：第一，塔高七层，大约十丈左右。第二，塔为砖塔，刹为铁刹。第三，塔可以登临，从塔中可以凭窗四望，此亦可看作塔体没有平座层的旁证，否则应该是凭栏远眺。第四，塔体设龛，共有二十四龛，安置佛像。

关于塔院，《咸淳临安志》南高峰荣国寺条记载："天福间建，元系塔院。奉白龙王祠。宝祐五年，福王捐施重修，请富阳废寺额。咸淳六年，安抚潜说友创造华光宝阁，门庑、斋堂、亭台等屋一切整备，且拓径以便登陟。又买官田二百亩为僧供。有五显祠。"明田汝成《西湖游览志》记载："荣国禅寺，即塔院也。宋宝祐五年，福王与芮建。咸淳六年，安抚潜说友创华光阁、五显祠，又拓径以便登陟。今寺废，而五显祠尚存。"《武林梵志》记载基本相同。华光宝阁与《重建塔记》中所记"举以重阁"的阁是否为同一处尚且存疑。

从宋、明两代文献记载来看，五代初创及南宋重建时，塔院规模仅一塔一祠，后南宋咸淳年间有所增扩。而院落布局、建筑形式等则无从考证，仅能根据年代限定其为偏宋《营造法式》的风格。

### 三　南高峰塔形制研究

#### 1. 历史照片与考古资料比对研究

民国时期的几张南高峰塔照片可作为研究的依据。目前可以看到的老照片有三张（图3）。照片一是西湖新新旅馆留存的，照片清晰度很好，塔身两个侧面的砖缝都清晰可辨。照片二是民国著名照相店二我轩发行的，照片上南高峰塔还残存一层多一点，塔上灌木丛生，拍摄角度与第一张类似，基本正对一层的券门，券门一侧可以看到两棵附壁石柱，柱脚处的台基相当完整，其中一根柱子上清晰可见两处榫卯接口。照片三拍摄角度略有偏移，因此二层的残墙显示更多一些，明显可见一层、二层砖墙之间铺作脱落造成的缺口。

根据此次考古获得的资料，塔基为正六边形，分为内外两层阶沿。内径10.14米，内边长5.07米，约为塔身底边轮廓尺寸。内外阶沿之间宽2.7米，即底层副阶周匝的宽度。外径16.38米，外边长8.19米。

以已知塔身平面轮廓数据为基准，对应老照片，可以通过作图法推出底层塔身高度、券门宽度等数据，此方法的关键在于还原照片拍摄角度造成的透视变形。照片二券门一侧墙体基本上接近正立面（砖缝线基本接近水平），将该照片靠近券门的石柱柱脚与正六边形相应顶点对位，可以发现从照片上最右边的石柱引出的投形线比正六边形相应顶点引出的投形线位置偏左，这就是拍摄角度造成的偏差。以对位顶点为圆心、塔身边长为半径作圆，可以求出塔基平面旋转的角度，再从照片上券门边引投形线到旋转后的正六边形，就可反推出券门宽度（图4）。但这一方法只考虑了水平视角因素，没有考虑视线高度导致的形变，如果加上这一因素，通过砖缝延长线交点确定视平线和灭点，再从照片上券门前后阴影位置差投形得出正六边形前后两个对边变形的相对位置关系，从而可以反推出券门宽度（图5）。两种方法得出的尺寸相差6厘米，基本可以推定券门宽度在1.9米左右。

根据照片二券门一侧墙体长高比例推定一层柱高大约是5.2米（图6），在考古现场

照片一　新新饭店存

照片二　二我轩照相店发行

照片三　20世纪20年代照片

图3　民国时期拍摄的南高峰塔照片

发现的三段残柱总长5.22米，可相互印证。残柱上榫卯口尺寸为下部690毫米×100毫米、上部260毫米×100毫米，其宽度基本接近塔体斗拱材份的宽度。下卯口的上皮标高基本接近副阶廊柱柱顶标高。如果把上卯口的高度当作一个足材的高度，那么两个卯口之间的高度正好是栌斗欹平加一足材的高度，也就是一斗一跳的高度。砖塔边长约5米，副阶边长约8.2米，副阶布柱明显是三开间。内侧塔身只有转角石柱，石柱只有单向榫卯开口，而砖墙上也没有木柱的痕迹，因此推测副阶补间梁是架在沿墙的横向穿枋上的，而穿枋的位置基本在石柱上卯口平。从照片二可以看到该部分砖体破损严重，应该是木结构破损导致。而照片一中该部分没有破，且砌体是较小的砖，因此猜测该部分较小的砖是后期

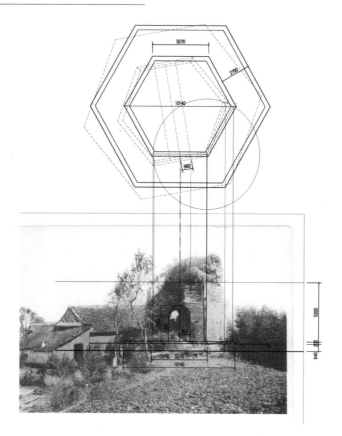

图4　分析方法一示意图

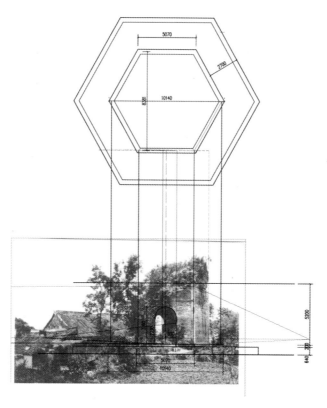

图5　分析方法二示意图

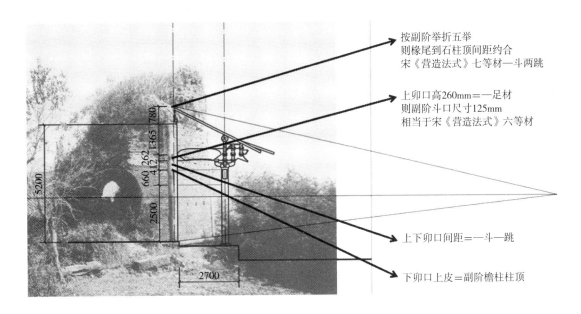

图 6　副阶构造尺寸推断示意图

补砌的。根据副阶宽度和前述两个标高，基本可以推断副阶的屋面举折。如果暂定为五举，则椽子尾部的高度高于石柱顶，对应照片二中残状塔体顶部的横向破损带，很可能就是副阶的脊檩及附属木构部分脱落造成的破坏。

考古人员现场采集的砖大约有 10 种，厚度有 3.5、4、5、9、10 厘米 5 种。由于新中国成立初期没有注意对残存塔体的保护，山脚村民甚至取塔体砖块来盖房，至此次考古之前，地面已经没有保存较好的砖砌体。究竟南高峰荣国寺塔砌筑的主体用砖是什么尺寸呢？从照片一来看，砖的厚薄似乎分为两种，主体的砖较大，而拱券门上部有几皮的厚度明显较小。已知六边形塔体一边长大约是 5 米，门洞宽度大约是 1.9 米，门高大约是 3.2 米，对应侧面砖的 46 皮，则每皮砖加缝的厚度大约在 7 厘米，考虑到当时砌筑塔体用的主要是黄泥石灰浆，灰缝厚度大约 1.5 厘米，那么砖的厚度大约是 5.5 厘米。同等规格的砖在现存同时代的一些塔中也可看到，如苏州虎丘塔。

虽然老照片和考古资料的比对提供了南高峰塔底层副阶的一些基本信息，但仍然有一些疑问无法得到解答：塔究竟有没有平座层？塔的外檐是通过斗拱外挑还是通过叠涩外挑？斗拱是局部木作还是全部砖作？塔体的收分和每层的比例尺度如何？如果没有进一步的考古发现，那就只有通过与相关时期塔的类比来大致推测了。

**2. 相关历史时期的塔**

南高峰塔始建于后晋天福（936～944 年），再建于南宋。后晋天福年间杭州主要是吴越国文穆王钱元瓘当政（卒于天福六年）。《旧五代史》记载钱元瓘："然奢僭营造，甚于其父。"《新五代史》载："然性尤奢僭，好治宫室。"当时吴越较少战乱，崇佛修塔是社会风气。杭州西湖周边的塔，较著名的都是始建于吴越国时期，如六和塔、雷峰塔、保俶塔、闸口白塔等。当时的塔以木构外檐、砖塔芯室为主要风格，而每层又基本以平座、塔身、塔檐形成三段式。南高峰塔应该也是遵循这个基本的形式。

我们把浙江、江苏全国重点文物保护单位、省级文物保护单位中的楼阁式塔进行了统计，分别从始建时间（元明清始建除外）、重建大修时间、平面形状（方塔除外）、有无平座、塔芯边长、副阶的形式、塔的高度、出檐的结构等方面进行基本类比。

表1　浙江江苏楼阁式塔一览表

| 塔名 | 始建时间 | 再建/大修时间 | 平面 | 平座 | 砖砌体边长（米） | 副阶 | 高度（米） | 出檐结构 |
|---|---|---|---|---|---|---|---|---|
| 南高峰塔 | 936～944年 | 1169年 | 六面七层 | 无 | 5 | 有 | | |
| 黄岩灵石寺塔 | 964年 | | 六面七层 | 无 | 2.42 | 无 | 21.1 | 砖叠涩 |
| 杭州六和塔 | 970年 | 1156年 | 八面九层 | 有 | 9 | 有 | 59.89 | 木檐 |
| 杭州保俶塔 | 998～1003年 | 1579年 | 八面七层 | 有 | 3.5 | 有 | 45.3 | 木檐毁 |
| 仙居福应山塔 | 1048年 | | 六面七层 | 无 | | 有 | | 砖隐作栌斗、泥道拱，木作华拱出挑，砖叠涩出檐 |
| 昌化南屏塔 | 1068～1077年 | 1676年 | 六面七层 | 二三层砖仿木装饰性 | 3.27 | 有 | 32 | 叠涩、砖斗拱仿木构出挑 |
| 义乌大安寺塔 | 1100年 | | 六面七层 | 有 | | 有 | 26.5（残） | 木檐毁 |
| 宁波天封塔 | 1144年 | | 六面七层 | 有 | | 有 | 51.5 | 木构外檐 |
| 温州江心屿东塔 | 969年 | 1141年 | 六面七层 | 有 | 4 | 有 | 28 | 木檐毁 |
| 温州江心屿西塔 | 869年 | 万历年间 | 六面七层 | 无 | 3.5 | 无 | 32 | 木檐 |
| 乐清东塔 | 1068～1077年 | 1175～1178年 | 六面七层 | 无 | | 无 | 16 | 砖叠涩实心塔 |
| 绍兴大善寺塔 | 504年 | 1228年 | 六面七层 | 有 | 3.8 | 有 | 40 | 木檐毁 |
| 湖州飞英塔 | 968年 | 1236年 | 八面七层 | 有 | 7.3 | 有 | 55 | 木檐 |
| 浦江龙德寺塔 | 1025年 | 1254年 | 六面七层 | 有 | | 有 | 36（残） | 木檐毁 |
| 龙游舍利塔 | | 1058年 | 六面七层 | 无 | 2.3 | 无 | 27.31 | 砖叠涩实心塔 |
| 国清寺塔 | 隋开皇年间 | 1128年 | 六面九层 | 有 | | | 59.4 | 木檐毁 |
| 黄岩瑞隆感应塔 | 963年 | | 八面七层 | 无 | | 有 | 35.2 | 砖叠涩实心塔 |
| 仙居南峰塔 | 1032年 | | 六面七层 | 无 | 2.07 | 有 | 23.6 | 砖叠涩实心塔 |

续表

| 塔名 | 始建时间 | 再建/大修时间 | 平面 | 平座 | 砖砌体边长（米） | 副阶 | 高度（米） | 出檐结构 |
|---|---|---|---|---|---|---|---|---|
| 松阳延庆寺塔 | 1002 年 | | 六面七层 | 有 | 3 | 有 | 38.32 | 木檐 |
| 苏州云岩寺塔 | 959～961 年 | | 八面七层 | 有 | 5.8 | 有 | 47.7 | 木檐毁 |
| 苏州瑞光塔 | 247 年 | 北宋 | 八面七层 | 有 | 4.6 | 有 | 43 | 木檐 |
| 苏州报恩寺塔 | | 1153 年 | 八面九层 | 有 | 7.8 | 有 | 76 | 木檐 |
| 常熟聚沙塔 | 南宋绍兴年间 | | 八面七层 | 有 | 1.68 | 有 | 24.93（不含塔刹） | 木檐 |
| 苏州慈云寺塔 | 南宋咸淳年间 | 明 | 六面五层 | 有 | 7 | 有 | 38.44 | 木檐 |
| 江阴兴国寺塔 | 北宋太平兴国年间 | 明 | 八面九层 | 有 | 4.4 | 有 | 42.22（残） | 木檐毁 |
| 涟水月塔 | | | 八面七层 | 无 | 1.83 | 无 | 24 | 砖仿木檐三层以上不可登 |
| 连云港海清寺塔 | 1023～1032 年 | | 八面九层 | 二层砖仿木装饰性 | | 无 | 40.58 | 砖叠涩 |
| 南京定林寺塔 | 1173 年 | | 八面七层 | 装饰性 | | 有 | 14.5 | 砖仿木檐不可登 |
| 南京弘觉寺塔 | 774 年 | 明 | 八面七层 | 有 | 3.35 | 有 | 36.65（不含塔刹） | 木檐 |
| 苏州楞伽寺塔 | 978 年 | 明 | 八面七层 | 砖叠涩装饰性 | 2.4 | 有 | | 砖叠涩 |
| 仪征天宁寺塔 | 709 年 | 宋、明 | 八面七层 | 有 | | 有 | 47.2（残） | 木檐 |

　　从表 1 可以看到，目前保留的宋塔基本都是建于南宋，或南宋有过一次大修，因此这些塔反映了共同的时代特征。从平面上看，六面七层可能是浙江地区当时楼阁式塔最多的类型，只有极少数大型的塔才会用到八面七层或八面九层。从结构上看，砖木混合式塔是主体，大多数塔的外檐采用木构或者叠涩与木构混合使用，单纯的砖叠外檐主要用在不能登临的实心塔。

　　尺度方面，南高峰塔塔高十丈，宋营造一尺约 31.1 厘米，十丈约 31 米，类比高度在 30 米左右、可登临的塔，可以找到四个参考，分别是温州江心屿西塔、东塔，昌化南屏塔，以及常熟聚沙塔（图 7、图 8）。这些塔都是砖砌塔身、木构出檐，其中江心屿西塔无平座（此塔经后期多次维修，外壁、檐下均抹灰，原式样不明）；南屏塔二、三层以砖斗拱仿木构形式出挑装饰性平座，无栏杆，不可上人；江心屿东塔、聚沙塔皆有木构平座，但两者的平座层标高与塔内相应楼面标高并不一致，不能方便的出入，还是以装饰性为主。

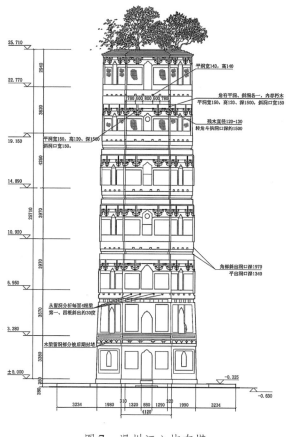

图 7　温州江心屿东塔

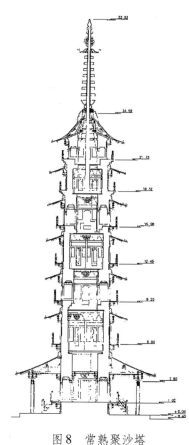

图 8　常熟聚沙塔
（引自《常熟聚沙塔维修设计谈》）

　　南高峰塔砖砌体边长 5 米，是现存的六边形塔中最大的，这个尺度与边长 3.5 米的八边形保俶塔几乎一样大，两者对角直径接近，南高峰塔 10.14 米，保俶塔 9.146 米（图 9）。而保俶塔的高度有 45.3 米，有可上人的平座层。其余有可上人平座的七层塔高度基本也都达到 40 米。由此推论南高峰塔没有可上人的平座层。

### 3. 推测研究

　　综上所述，我们倾向于认为南高峰塔是一座六边形，底边长约 5 米，高度约 36 米（含塔刹），可登临的楼阁式塔（图 10）。这一类型的楼阁式塔有副阶，每层有外檐，外檐出挑主要靠木构，但是没有可上人平座层。塔每层开窗两面，每层错位，其他四边设龛，龛内立佛像，六层共二十四龛，与了心《重建塔记》记载一致。塔顶有铁制相轮层叠状的塔刹。塔外立面可能有壁柱、梁枋，应有抹灰，外粉刷色彩仿木作。

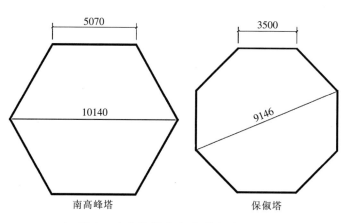

图 9　南高峰塔与保俶塔尺度比较

#### 四　塔院形制研究

##### 1. 塔院布局

考古发掘为研究塔院布局提供了直接依据。塔基西侧发现东西向道路遗迹，长约 10.60 米，宽约 5.10 米，路面高于周边地面，两侧边有包砖，是比较典型的南宋时期甬道的形式。道路西端为建筑台基遗迹，平面呈方形，南北向边长约 10.70 米，东西向边长约 9.92 米。台基、甬道、塔基三者中心线基本一致，呈现出中轴对称的、前塔后殿布局的建筑序列。在该序列西北侧还有院落铺装、房屋基址、墙基等遗迹。

从中国寺庙布局演变来看，以塔为主体的寺院布局自汉代佛教传入中国开始一直流传到公元 10 世纪以后，一些辽代寺院，例如著名的应县木塔（佛宫寺释迦塔），就是前塔后殿的布局。随着佛教在汉地的发展，塔的位置的调整在宋代寺院中尤为突出，一些寺院中佛塔不再居于中轴线上，而是偏居一隅，例如虎丘云岩寺、房山云居寺、萧田广化寺等。结合上述规律，南高峰塔院在五代始建时应是前塔后殿的小型寺院。从山顶的地形看，除了遗址的位置，只有西北侧还有部分可以建造的平地，因此南宋时很可能是在原建筑序列（遗址）西北部加以扩建，即所谓华光宝阁或钟楼的位置。

1924 年的一张老照片也提供了塔院布局信息。该照片名为《南高峰荣国寺的山门》，从拱门看出去，远景可见西湖湖面、苏堤、岛、宝石山等，近景是隐约通往山下的道路（图 11）。以南高峰顶为原点，则拱门应朝向东北方向，也就是塔的前导空间序列轴线朝东北方向。对于这张照片有两种推测，一是如照片名所示，荣国寺有

图 10　南高峰塔推测图

栖霞岭和宝石山　　　苏堤　岛

图 11　南高峰荣国寺的山门

山门，为砖木结构建筑，从拱券门来看应是明清以后的建筑风格；另一种可能是拱门其实是塔身的，但从残存塔身老照片来看，其两侧拱门应是对称布局，朝东北侧的可能性不大。结合现状地形，从塔院到塔基再到塔基东北方的下一级平台和山道，确呈西—东—东北的转折，且塔基东北方也有布局山门的空间。因此，将主要建筑序列向遗址东北方延伸，推测南高峰荣国寺为前院—塔—甬道—大殿主体序列加西北侧附属院落的布局。（图12）

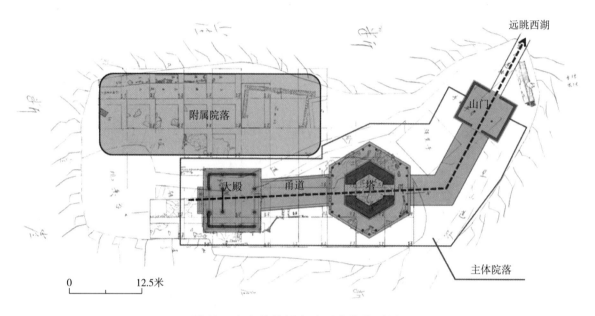

图 12　南高峰荣国寺平面布局推测图

### 2. 大殿形制

大殿台基遗址长约 10.70 米，宽约 9.92 米，近似正方形，与现存很多宋元时期三开间佛殿平面形状接近，可以作为形制推测的参考。

表 2　宋元时期部分三开间佛殿形制

| 名称 | 年代 | 平面尺寸 | 明间<br>开间尺寸 | 高度<br>（不含台基） | 屋面形式 |
| --- | --- | --- | --- | --- | --- |
| 少林寺初祖庵大殿 | 北宋宣和 | 11.14 米×10.7 米 | 约 5 米 | 约 10 米 | 单檐歇山 |
| 山西平顺龙门寺大殿 | 北宋绍圣 | 10.4 米×9.9 米 | 约 4.5 米 | 约 9.5 米 | 单檐歇山 |
| 山西高平开化寺大殿 | 北宋熙宁 | | | | 单檐歇山 |
| 山西晋城青莲寺大殿 | 北宋元祐 | 11.14 米×10.4 米 | 约 4.5 米 | 约 9.8 米 | 单檐歇山 |
| 河北涞源阁院寺文殊殿 | 辽 | 16 米×15.67 米 | 6.1 米 | 约 12 米 | 单檐歇山 |
| 宁波保国寺大殿 | 北宋大中祥符 | 11.9 米×13.36 米<br>（宋代部分） | 5.8 米 | 约 12 米 | 单檐歇山（宋代部分） |
| 武义延福寺大殿 | 元延祐 | 8.44 米×8.49 米<br>（元代部分） | 4.54 米 | 8.52 米 | 单檐歇山（元代部分） |

从表 2 可以看出，这些佛殿的共同特点是平面长宽、立面高宽比都接近方形，明间尺寸接近总面阔尺寸的一半，采用三间六架，单檐歇山屋面。

南高峰塔院大殿形制与上述佛殿基本相同，但尺度更小，其台基尺寸 10.70 米×9.92 米，扣除阶沿宽度，总面阔、总进深尺寸约为 8 米，明间开间尺寸约为 4 米。

## 五 南高峰塔、塔院形制研究的意义

西湖作为一处综合性的文化景观，其主要景点自南宋以来不断进行整修、翻建，这已经成为一种文化传统，甚至是一种民意和共识。西湖文化景观的核心要素"西湖十景"经历代屡次兴废，积淀了深厚的文化内涵，但目前十景留存状况不一，"双峰插云"则成了一处没有具体指向的景名。杭州民间一直对于重新展现"双峰插云"景观有很高的呼声。考古发掘后，复建南高峰塔的呼声更加强烈。本文综合了文献考证、图像图形对比、工程推理等相关学科的成果，希望把考古成果、历史信息转译为易于理解的图像。由于历史久远，信息不充分，研究中仍有一些内容属于主观臆测，仅为将来的进一步研究和工程建设打下基础。当然，从保护的角度出发，相关的建设仍然需要进一步评估、论证、审批。

**参考文献**

[1] 《文渊阁四库全书》电子版，上海人民出版社、迪志文化出版有限公司，1999 年。

[2] 郭黛姮：《中国古代建筑史（第三卷）》，中国建筑工业出版社，2009 年。

[3] 李虹：《西湖老照片》，杭州出版社，2005 年。

[4] 马时雍：《杭州的寺院教堂》，杭州出版社，2004 年。

[5] 黄滋：《元代木构延福寺》，文物出版社，2013 年。

[6] 黄滋、章忠民：《常熟聚沙塔维修设计谈》，《东南文化》1997 年第 3 期。

[7] 杭州市文物考古研究所：《南高峰塔考古发掘概况》，2017 年发掘资料。

# 后记

登临南高峰，湖山一体，水天一色，或浓妆或淡抹，入诗入画，总是相宜！

西湖的塔，如夕照山雷峰塔、宝石山保俶塔、月轮山六和塔者，闻名遐迩，南高峰塔则默默无闻矣。南宋宫女袁正真《长相思》唱出："南高峰，北高峰。南北高峰云淡淡，湖山图画中。"词阕委婉平素，更显南高峰之神秘，恰如宋时山水画《两峰》，云卷云舒，融入西湖山水。南高峰，山势高峻莫如五岳，其名声鹊起，南高峰塔功不可没。南高峰塔自五代耸立于峰顶，毁圮湮没于20世纪，期间山水之乐绵延，峰塔具备，渐浓渐厚，正所谓"两峰插云"意境是也。

在南高峰做考古，机缘随安，妙处莲华。2017年1月欣然受命发掘南高峰塔遗址，至2018年4月完成发掘报告编写，历经寒冬酷暑，春华秋染，心系遗址，心无旁骛。

与千年宝塔促膝五百昼夜，福祉随喜，神清气爽。南高峰塔于西湖群山中，疏林杳霭，古塔如笔直插晴空，蔚然成景。自烟霞洞拾阶而上，虽羊肠诘诎，微喘气粗，然沿途茂林修篁，茶园青葱，洗却登山之辛。及至峰顶，身临"双峰插云"之南高峰景，湖中九景便可闲庭指点，岂不悠哉！

每当旭日初升，朝霞尽洒工地探方，隔梁纵横，持铲剥剔，遗迹布列峰顶台地。南高峰塔遗址塔基塔院渐露尊容，待重现于世，宝塔法相庄严依旧，浩然为景！此时此景，乃南高峰塔千年岁月沧桑之浓情盛况。祛乏胜饴，心亦恬静，无以言表！

室内整理，遗迹遗物虽不甚丰富，相关古籍文献亦无卷帙浩繁。然伏案查核求证，须得细致而为，万不可草莽敷衍。囿于学术能力、背景，编成的报告文字，谬误在所难免，恳请方家不吝赐教。

浙江省文物局、杭州市园林文物局高度重视，钱江管理处全力配合，社会各界热心关注，全体工作人员倾心尽力，文物出版社鼎力支持，这一切凝聚成今日之嘉实。再次感谢报告第三章述及的领导、师长、同事和所有工作人员。杭州市文物考古研究所唐俊杰所长、房友强书记为发掘整理工作营造了良好的工作氛围；在我身体不适，不能野外工作之时，王征宇、李坤诸君，虽任务繁重，仍不辞辛劳，助我主持了后一阶段发掘；孙媛放弃休息，收集文献拓片……所有的一切，悄然潜入了南高峰塔发掘报告的每一个字符。

与南高峰塔为伴的日子，一丝意会、一抹浅笑、一点感悟，巧然而至，刻出一腔无瑕的恬淡，与豪情无关，却值得我珍藏！

杨曦

戊戌暮春十三，灯窗下

# The Site of Nangaofeng Pagoda in Hangzhou

( Abstract )

The site of Nangaofeng Pagoda is located on the terrace at the peak of Nangaofeng Mount in Wengjiashan Village, Xihu District, Hangzhou City. Its geographic coordinates are 30°13′26. 73″ north latitude, 120°07′04. 00″ east longitude, and 257 meters above sea level. From January to September of 2017, with the approval of the State Bureau of Cultural Relics, Hangzhou Municipal Institute of Cultural Relics and Archaeology conducted an archaeological excavation at the site of Nangaofeng Pagoda, covering an area of about 1500 square meters. Architectural remains of two periods were found, of which the earlier ones were from the Five Dynasties to the Song Dynasty while the later ones were from the Qing Dynasty to the period of the Republic of China. More than 90 pieces of relics were unearthed, including architectural components, statues, porcelain, and so on. According to the records of Lin'an Zhi written in the Southern Song Dynasty, Nangaofeng Pagoda was first built in Tianfu period (936 – 944 C. E. ) of the Later Jin Dynasty, that is, the middle period of the Wuyue State of the Five Dynasties. There was once courtyard ( Rongguo Temple ) upon its primary construction, after which the pagoda experienced three restorations in the Song Dynasty. From the Yuan Dynasty to the Qing Dynasty, there were only records of two great damages of Nangaofeng Pagoda in the end of the Yuan Dynasty and during Wanli Period of the Ming Dynasty, and as a result, the pagoda remained only 3 storeys in the end of the Ming Dynasty and 1 storey in the Qing Dynasty along with the period of the Republic of China, with a height of about 6 meters left. In 1950s, residents of Wengjiashan Village took a large number of the pagoda bricks to build houses, leading to the ruin of the Nangaofeng Pagoda. The remains of Nangaofeng Pagoda from the Five Dynasties to the Song Dynasty are mainly composed of the pagoda foundation first built in the Five Dynasties, the road restored in the Song Dynasty and building foundations of the pagoda courtyard. The pagoda is made of natural rocks, after levelling and filling, the plane shape of which is now irregular hexagon. The plane shape of the pagoda body is equilateral hexagon. The masonry of the southern section of the east side, along with the southeast, southwest, and west sides of the basement remains. Each side of the basement is about 5.06 meters long, and the diameter is 10.12 meters. The remains of the pagoda courtyard are located about 11.80 meters west of Nangaofeng Pagoda, which consist of a house foundation, drainage ditches, rammed earth surface, stone walls, and so on. The house foundation site has only a rectangular rammed earth platform left, which is 10.70 meters long from north to south, and 9.92 meters wide from east to west. Walls of the platform are mostly covered with rectangular stones and partially covered with Xianggao bricks (bricks the shape of which are like a kind of pastry). Three drains were found, all in north – south direction and are constructed by bricks. Three sections of the stone walls remain, made of single – row stone blocks. The road remain is the passage between Nangaofeng Pagoda and the pagoda courtyard. It is 10.40 meters long east – west and 4.95 meters wide north – south. The roadbed is rammed of reddish – brown clay with a large number of rubbles and brick blocks, and the two sides are cladded by Xianggao bricks. This excavation identifies the location and shape of Nangaofeng Pagoda as well as the layout and structure of the architectural remains in the pagoda courtyard, and basically clarifies the overall spatial pattern of Nangaofeng Pagoda and the pagoda courtyard. Such layout, having an east – west longitudinal axis, a pagoda in the front and a hall in the rear, reflects the layout characteristics of Buddhist temple architecture of the Wuyue State period in the Five Dynasties, which inherited the characteristics of the Sui and Tang Dynasties. At the same time, such layout was preserved in the Song Dynasty during restoration. Through this excavation, archaeological information such as the shapes, scales and construction materials of the pagoda, the pagoda courtyard, the road and so on was obtained, which provides detailed and reliable data for the reconstruction project of the original site, and lays a solid foundation for the forthcoming research on the restoration of Nangaofeng Pagoda.

彩版

五云山　琅珰岭　天竺山

第三圈层

钱塘江

大华山　棋盘山　飞来峰　北高峰

南高峰　月桂峰

第二圈层

玉皇山　南屏山

将台山　丁家山　灵峰山

凤凰山　夕照山　第一圈层　栖霞岭　将军山

西湖　葛岭

紫阳山　宝石山

吴山

1.西湖群山示意图

2.南高峰环境

彩版一　西湖群山示意图及南高峰环境

1.南高峰峰顶东瞰西湖

2.南高峰峰顶西眺龙井

彩版二　南高峰峰顶远望

彩版三　南高峰峰顶平台地貌

1. 南高峰塔遗址发掘前

2. 南高峰塔塔基发掘前

彩版四　南高峰塔遗址发掘前

1. 全面发掘前探沟试掘

2. 发掘南区布方

3. 发掘北区布方

彩版五　布设探沟、探方

彩版六　考古物探

1. 南高峰塔遗址航拍图

北

4　10　20m

2. 南高峰塔遗址三维模型正射影像图

彩版七　南高峰塔遗址航拍图及三维模型正射影像图

1. 浙江省文物局文物保护与考古处副处长许常丰考察遗址发掘现场

2. 杭州西湖风景名胜区党委书记、管委会主任翁文杰，副主任邓兴顺、卓军考察遗址发掘现场

3. 浙江省古建筑设计研究院副院长陈易考察遗址发掘现场

彩版八　考察遗址发掘现场

彩版九　遗址发掘区全景

1.发掘南区全景
（东—西）

2.发掘南区全景
（西—东）

彩版一〇　　发掘南区全景

1. 南高峰塔塔基
全景（东—西）

2. 南高峰塔塔基
全景（西—东）

彩版一一　塔基全景

1. 塔基北部

2. 塔基南部

彩版一二　　塔基局部（一）

1. 西边塔基（西—东）

2. 东边塔基（东—西）

彩版一三　塔基局部（二）

1. 东北边塔基（东北—西南）

2. 西北边塔基（西北—东南）

彩版一四　塔基局部（三）

彩版一五　塔身底边俯视图

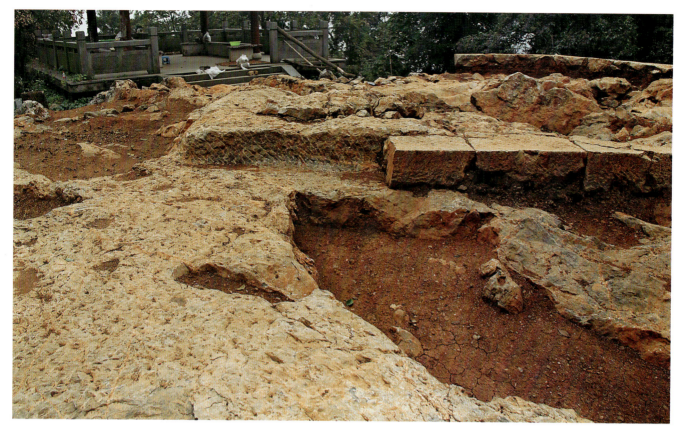

1.塔身西边北段边砌石（西—东）

2.塔身地坪铺砖

彩版一六　塔身边砌石及地坪铺砖

1. L1（东—西）

2. L1（西—东）

彩版一七　L1

1.路基夯土

2.道路东南角香糕砖包边

彩版一八　路基夯土及道路东南角香糕砖包边

彩版一九　道路北侧护坡及砖砌石包边

彩版二〇　F1 航拍图

1. F1 台基（东南—西北）

2. F1 台基西侧台壁（南—北）

彩版二一　　F1 台基（一）

1. F1 台基东侧台壁包边（东—西）

2. F1 台基内山岩上开凿的础石坑与石槽

彩版二二　F1 台基（二）

彩版二三　F1 夯土地面

1. G1（北—南）

2. G2（南—北）

彩版二四　　G1、G2

2. G3（北—南）

1. G3（南—北）

彩版二五　G3

1. Q1、Q2 及 G3 平面位置

2. Q1（北—南）

3. Q2（东—西）

彩版二六　　Q1、Q2

1. 第二级台地东缘护坎（上—下）

2. 第二级台地东缘护坎（东—西）

彩版二七　第二级台地东缘护坎

1. F2 西墙叠压 F3 东墙

2. F3 北墙和西墙（北—南）

彩版二八　　F2、F3

1. TN2W10②：1 莲花纹瓦当

2. TN3W7②：5 莲花纹瓦当

3. TN3W11②：1 莲花纹瓦当

4. TN3W8②：2 莲花纹瓦当

彩版二九　第 2 层出土莲花纹瓦当

1. TN2W8②：6 折枝花卉纹瓦当

3. TN3W7②：7 折枝花卉纹瓦当

2. TN2W8②：9 折枝花卉纹瓦当

4. TN3W11②：2 折枝花卉纹瓦当

彩版三〇　第 2 层出土折枝花卉纹瓦当（一）

1. TN2W9②：3 折枝花卉纹瓦当

2. TN2W10②：7 折枝花卉纹瓦当

3. TN3W7②：2 折枝花卉纹瓦当

4. TN2W8②：10 折枝花卉纹瓦当

5. TN3W7②：3 折枝花卉纹瓦当

彩版三一　第 2 层出土折枝花卉纹瓦当（二）

1. TN2W11 ②：1 长条状弧形滴水

2. TN2W11 ②：2 长条状弧形滴水

3. TN3W7 ②：8 长条状弧形滴水

4. TN3W7 ②：9 长条状弧形滴水

5. TN3W11 ②：5 长条状弧形滴水

6. TN2W8 ②：5 三角形垂尖滴水

彩版三二　第 2 层出土滴水

1. TN2W8②：11 蹲兽

3. TN2W11②：3 蹲兽

2. TN2W9②：2 狮形蹲兽

4. TN5W10②：6 套兽

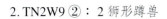

彩版三三　第 2 层出土屋顶脊兽（一）

1. TN3W7②：13 脊兽

2. TN3W7②：6 兽角

3. TN3W10②：2 兽角

彩版三四　第 2 层出土屋顶脊兽（二）

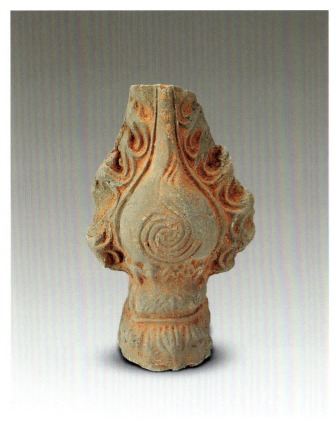

1. TN2W8②：3 火焰宝珠

2. TN2W9②：1 火焰宝珠

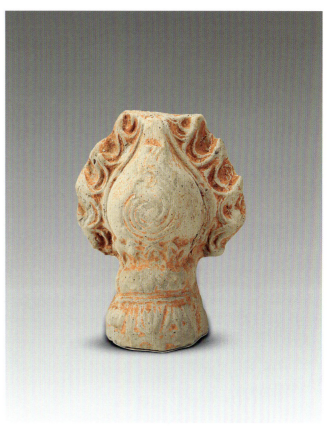

3. TN2W10②：3 火焰宝珠

4. TN3W8②：3 火焰宝珠

**彩版三五　第 2 层出土火焰宝珠**

1. TN2W8②：1 砖雕饰件

2. TN2W8②：7 砖雕饰件

3. TN5W10②：2 砖雕饰件

4. TN3W7②：4 砖雕饰件

彩版三六　第 2 层出土砖雕饰件（一）

1. TN5W10 ②：3 砖雕饰件

2. TN5W10 ②：4 砖雕饰件

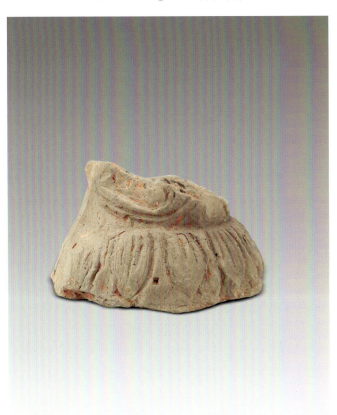

3. TN3W7 ②：11 莲座残件

4. TN3W8 ②：1 饰件

彩版三七　第 2 层出土砖雕饰件（二）

1. TN2W11 ②: 4 天王像左臂残件

2. TN5W10 ②: 7 天王像身躯残件

3. TN2W8 ②: 12 兽尾残件

4. TN4W7 ②: 3 兽尾残件

彩版三八　第 2 层出土雕塑像

1. TN3W10 ② ：6 越窑莲瓣碗

2. TN3W10 ② ：3 越窑侈口碗

彩版三九　第 2 层出土瓷器（一）

1. TN3W11②：4 越窑敞口碗　　　　　　2. TN3W10②：5 越窑盘

彩版四〇　第 2 层出土瓷器（二）

1. TN3W10②：7 越窑不明器形残件

2. TN3W11②：6 龙泉窑碗

3. TN3W10②：4 龙泉窑花口盏

彩版四一　第 2 层出土瓷器（三）

1. TN3W11 ② : 3 黑釉束口盏　　　　　　　　　2. TN4W7 ② : 2 黑釉束口盏

彩版四二　　第 2 层出土瓷器（四）

1. TN4W7②：1 黄釉敞口碗　　　　　　2. TN2W8②：4 青花瓷器底残件

彩版四三　第 2 层出土瓷器（五）

1. TN7W12 ① : 1 瓦当

2. 采 : 1 滴水

**彩版四四　第 1 层出土及采集瓦件**

1. TN5W11①：2 蹲兽残件

2. TN7W13①：3 龙首残件

3. 采：2 火焰宝珠

4. 采：3 砖雕饰件

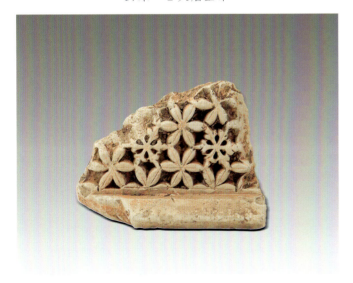

5. 采：4 砖雕饰件

彩版四五　第 1 层出土及采集装饰构件

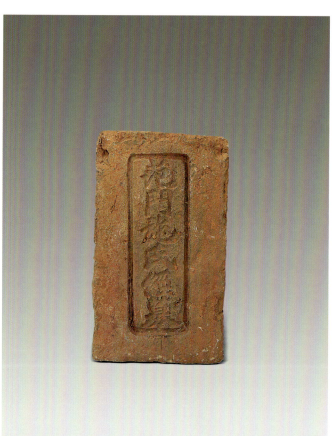

彩版四六　塔砖：1

彩版四七 塔砖：2